30 – Bis hierher und wie weiter?

ro
ro
ro

Mit 30, sagen unsere Mütter, hast du das Beste noch vor dir. An guten Tagen hören wir das Versprechen darin. An schlechten Tagen sehen wir unsere ersten Falten und wissen, was uns erwartet: noch zehn Jahre bis zum Tränensack, noch 20 Jahre bis zur Glatze. Wie gut, dass 30-Jährigen kaum Zeit bleibt, darüber nachzudenken. Sie haben anderes zu tun: die erste Waschmaschine kaufen, das erste gemeinsame Doppelbett, zum Steuerberater fahren, Karriere oder Kinder machen. Kein Grund zu verzweifeln, denn es geht uns allen so. Und tröstlich zu wissen: 30 – das ist Abschied und Neuanfang zugleich.

Kathrin Lenzer, Jahrgang 1971, ist Feuilletonredakteurin bei der Rheinischen Post. Nebenbei hat sie an zahlreichen Sachbüchern, Bildbänden und Reiseführern mitgearbeitet.

PHILIPP HOLSTEIN, Jahrgang 1972, arbeitet als freier Journalist und Autor. Er ist Kolumnist und Mitarbeiter der Rheinischen Post. Außerdem schreibt er für Magazine, Ausstellungskataloge und andere Tageszeitungen.

Andreas Krebs, Jahrgang 1970, arbeitet als freier Fotojournalist. Er ist Mitarbeiter der Rheinischen Post und veröffentlicht in Tages-, Wochenzeitungen und Magazinen.

Kathrin Lenzer Philipp Holstein

30 Bis hierher und wie weiter?

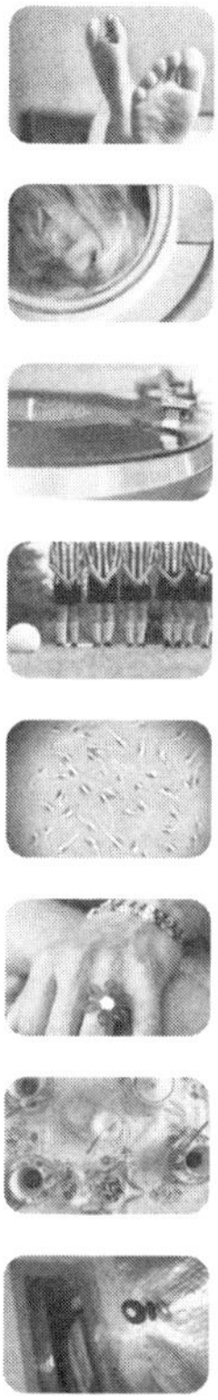

Rowohlt Taschenbuch Verlag

Originalausgabe Veröffentlicht im Rowohlt Taschenbuch Verlag, Reinbek bei Hamburg, April 2004 |

Fotos Andreas Krebs | Umschlaggestaltung any.way, Andreas Pufal (Foto: © Andreas Pufal, hamburg) | Satz Thesis und Proforma PostScript (QuarkXPress) bei KCS GmbH, Buchholz/Hamburg | Druck und Bindung Clausen & Bosse, Leck | Printed in Germany | ISBN 3 499 61541 X

2. Auflage April 2005

Inhalt

1. HIRN

PAPIERKRAM

Eine Frau wendet die Explosion eines Gastanks ab, hätte aber besser ihren Lohnsteuerjahresausgleich erledigt 12

EIN MANN HAT EIN SCHLECHTES GEWISSEN WEGEN DER SÖHNE VON HERRN SCHNIEDERS 18

WAHLWEISE

Eine Frau verwechselt rinks und lechz 23

EIN MANN AUF DEM WEG ZUM ABCHECKER 28

STUDENTENBUDE

Eine Frau fragt sich was 32

EIN MANN DENKT ZURÜCK AN DIE DELPHIN-LICHTERKETTE EINER FRAU 33

TRETMÜHLE

Eine Frau schwört sich was 38

EIN MANN RUFT NICHT ZURÜCK 42

WASCHMASCHINE

Eine Frau warnt vorm Schleudertrauma 47

EIN MANN BEFREIT SEINE ELTERN UND ENTDECKT DIE ALLTAGSROMANTIK 50

GEWISSEN

Eine Frau schläft, wacht auf und stimmt zu 55

EIN MANN SPENDIERT EINE RUNDE AUTOAUSSAUGEN 59

ÜBERMORGEN

Eine Frau ist eine Giraffe, die durchhängt 61

EIN MANN WILL AUCH INS FORSTHAUS FALKENAU 69

Kinderkram

Eine Frau will die Wahl haben 71

Ein Mann kann bei dem Thema nicht ernst bleiben 77

2. Herz

Rückreise

Eine Frau weckt ihre Eltern 84

Ein Mann sitzt im Jungenzimmer 87

Freunde

Eine Frau ist maulfaul 89

Ein Mann wird auf den Wellen der Zeit fortgetragen 94

Altlasten

Eine Frau tropft Tränen in die Tastatur 99

Ein Mann bewahrt Gegenstände auf, will das aber gar nicht 103

Klassentreffen

Eine Frau bewundert einen Schottenrock 107

Ein Mann zwischen «Yesterday» und «Let it be» 112

Herrgott

Eine Frau lässt das Qui durch die Liebeszone fließen 115

Ein Mann wird sonntags von seiner Oma missioniert 117

Tschüss

Eine Frau schneidet keine Eier 121

Ein Mann will in die Lava greifen, hat aber Angst, sich zu verbrennen 127

Daheim

Eine Frau richtet ihren Wecker gen Heimat aus und wird sentimental 130

Ein Mann ist neidisch auf das Sofa seiner Eltern 134

3. Hormone

Liebesnest

Eine Frau ist der Mann im Haus 140

Ein Mann zeigt die Bumsburg 145

Spielwiese

Eine Frau will nicht nach Mettwurst riechen 148

Ein Mann hat 1 neue E-Mail 153

Verfallsdatum

Eine Frau ist sehr aufgebracht und schreibt etwas, was sie sonst so nicht schreiben würde 154

Ein Mann hat Fieber, will aber trotzdem keinen Genital-Belüfter 157

Krabbelgruppe

Eine Frau fühlt sich unerheblich 163

Ein Mann kritisiert die Zuverlässigkeit von Verhütungsmitteln 167

Einzelzimmer

Eine Frau freut sich, dass sie keine Biene ist – und träumt davon, ein Schwein zu sein 171

Ein Mann weiss, dass Einsame nur freitags glücklich sind 176

4. Haut & Haar

Spiegelbild

Eine Frau vergleicht ihren Busen 182

Ein Mann schaut an sich hinunter 185

Kleiderordnung

Eine Frau trägt Trash 188

Ein Mann in Streifenshirt schimpft auf die Kinder in der Ukraine 192

Augenringe

Eine Frau tanzt Diane Ealys 5-Minuten-Tanz 197

Ein Mann kann verdammt nochmal nicht schlafen 200

Du-Sie

Eine Frau will nicht auf vertraulich machen 204

Ein Mann weiss, Kirchenmäuse siezt man nicht 208

Tapetenwechsel

Eine Frau deckt ab 213

Ein Mann sehnt sich nach Fernsehen im Bett 218

Vorworte

Goethe, «Faust»:
«Ich bin zu alt, um nur zu spielen;
zu jung, um ohne Wunsch zu sein.»

Jonathan Franzen, «Die Korrekturen»:
«Ich bin zu jung, um so alt zu sein.»

Eintrag einer 30-jährigen Stewardess auf der Homepage ihres Abiturjahrgangs:
«Wir haben über das Dreißigsein geredet. Ich bin dann gleich zur Kosmetik gedüst, Andrea fuhr ins Wellness-Wochenende, und Kerstin hat sich Rollerblades und ein Mountain-Bike gekauft. Wie geht ihr mit der 30 um???»

Davon erzählen wir jetzt.

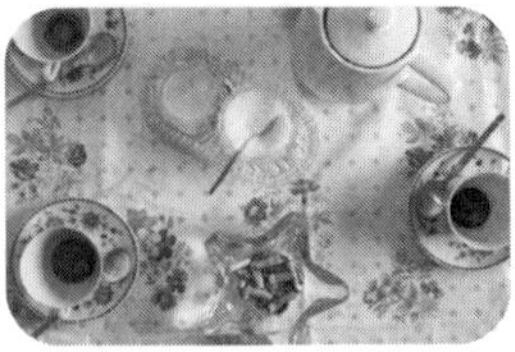

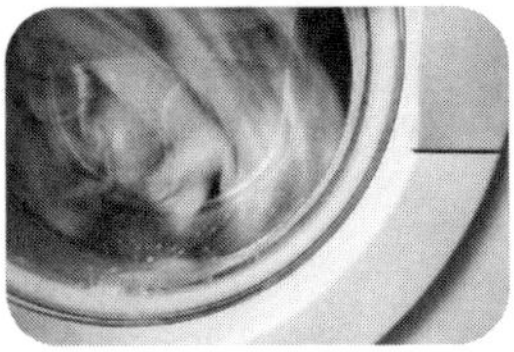

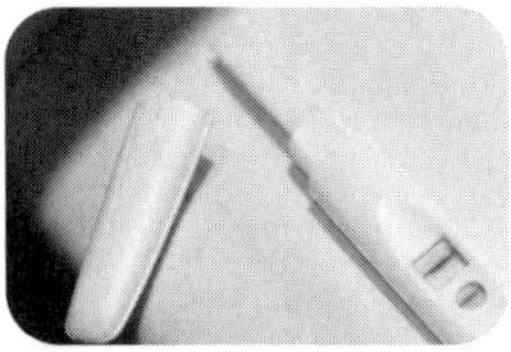

1. Hirn

30 wird man – vor allem im Kopf. Dort empfangen und verarbeiten wir die Zeichen, die uns sagen: Du musst erwachsen werden, Verantwortung übernehmen, dein Leben ändern. Doch wie? Und wo fangen wir an? Kauft sich Kathrin eine Waschmaschine? Schließt Philipp eine Lebensversicherung ab? Und wenn wir es nicht wissen, weiß es unser Steuerberater? In weiteren Rollen: Herr Schnieders, ein schlechtes Gewissen, eine Wirtschaftskrise, eine Männerrunde im Vaterschaftsrausch und eine Frau, die keine Karriere, keine Kinder, aber einen Tauchschein macht.

Eine Frau wendet die Explosion eines Gastanks ab, hätte aber besser ihren Lohnsteuerjahresausgleich erledigt

8.30 Uhr. Massenhaft Zeit. Ich nehme ein weißes Blatt, Format DIN A4, einen Bleistift, Stenofix 101 HB, und mich zusammen. Ich schreibe:

Heute muss ich

1. einen neuen VW-Vertragshändler finden.

Der alte ist pleite.

  Der neue muss
  1. eine Beule am Kotflügel glätten.
  2. das Rücklicht hinten links, das in der Kreidezeit erlosch, auswechseln.
  3. den Kassettenrekorder reparieren.
  4. die Fahrertür, die seltsam schmatzt und sich verbeißt, wenn ich sie zuhau, auswuchten.
  5. im Innenraum des Autos einen Mundschutz tragen, wenn ihm sein Leben lieb ist.

2. die Unterlagen im Leitz-Ordner «Lohnsteuerjahresausgleich 2003» so ordnen, dass mein Steuerberater etwas damit anfangen kann, am besten meinen Lohnsteuerjahresausgleich
3. den Einkommenssteuerbescheid zur selbständigen Tätigkeit heraussuchen und meiner Krankenkasse schicken
4. einen Termin mit der Rechtsberatung der Verbraucherzentrale wg. Zahnarztrechnung vereinbaren
5. die Hausmitteilung «Altersvermögensgesetz – Branchenmodell ‹Zukunftsfonds Medien-Druck-Papier› – Tarifvertrag zur Förderung der freiwilligen Altersvorsorge» durchlesen und dementsprechend handeln

6. bei den Verkäufern meiner Lebensversicherung anfragen, ob sie nicht davon absehen könnten, im Falle meines Unfalltodes vor dem 01.03.2036 voraussichtlich 90.556 Euro an meine Hinterbliebenen auszuzahlen. Und ob es nicht möglich wäre, das, was sie an meinem Unfalltod sparten, wenn ich denn verunfalle, meinem Zukunftskapital bei Erleben des 01.03.2036 zuzuschlagen, wenn ich es doch nicht tue, was, wie ich finde, nur fair …

«Wäre» hätte da stehen sollen. Steht aber nicht da, weil die Mine meines Bleistifts, Stenofix 101 HB, zu Beginn des ersten schrägen Strichs vom w von wäre abgebrochen ist. Jetzt muss ich – vor allem anderen, was ich heute muss – zunächst diesen Bleistift spitzen, weil meine Kulis weg, die Filzer vertrocknet oder leer und die anderen Blei- und Buntstifte ebenfalls abgebrochen sind. Geht ja. Ist erst 9 Uhr jetzt, noch massenhaft Zeit.
Ich finde den Spitzer hinter meinem Bücherregal. Um den Spitzer da herauszuklauben, muss ich das Regal von der Wand abrücken. Mach ich. Der Spitzer ruht in einem kunstvoll gewirkten Nest aus dunkelgrauen Staubflusen und braunrotem Haar. Vor und hinter dem Spitzer wartet noch mehr von beidem. Und obgleich es mein Haar ist, finde ich das eklig. So eklig, dass ich den Staubsauger holen muss – vor allem anderen, was ich heute muss, ist klar – und den Kram wegsauge. Ich rück das Regal zurück vor die Wand, säubere den Spitzer und spitze nämlichen Bleistift. Und weil das Ergebnis beglückend ist und ich gerade in Fahrt bin, spitze ich die übrigen stumpfen Blei- und Buntstifte gleich auch noch – man weiß nie, wie lange man gerade einen Spitzer zur Hand hat –, schmeiße die vertrockneten Filzer weg und pule zwei Kulis aus den Tiefen meines Rucksacks. Die Kulis, Blei- und Buntstifte lege ich in die Schale auf meinem Schreibtisch. Ich fühl mich gut und ordentlich jetzt. Ordentlich genug, um mein Erwachsenenleben in Ordnung zu bringen. Geht ja. Ist 10.25 Uhr, noch massenhaft Zeit.

Ich schaue auf meine Liste und überlege, was ich zuerst erledigen muss von alledem, was ich heute muss. In einer Fibel für Zeitmanagement habe ich mal gelesen, dass es unheimlich wichtig sei, Prioritäten zu setzen, das Wichtigste zuerst abzuarbeiten, weil man sich immer viel zu viel vornehme für einen Tag und deshalb immer etwas unerledigt bliebe, bloß dürfe dies nicht das Wichtigste sein. Sonst schlafe man unruhig. Ich möchte ruhig schlafen heute Nacht. In der Fibel stand auch, dass sich fürs Prioritätensetzen ein Zahlensystem 1./2./3. nicht eigne, da es immer Dinge gebe, die in etwa gleich wichtig sind. Die superwichtigen möge man mit einem großen A kennzeichnen, die mittelschwer wichtigen, die sich notfalls aufschieben lassen, mit einem großen B und die, die auch nach drei Tagen noch nicht schimmeln, mit einem großen C. Ich ärgere mich ein wenig, weil mir das einfällt, nachdem ich meine Aufgaben durchnummeriert habe. Aber hilft ja nichts. Ich streiche alle Nummern mit dem Stenofix aus und schreibe ein C vor den VW-Vertragshändler. Dann streiche ich das C aus, weil es nicht stimmt; weil es sehr wichtig ist für mich, auf der Fahrt zur Arbeit die richtige Musik zu hören, etwa «New Model Army», wenn der Bürotag Größe, Stärke und Aggressivität verlangt, oder «Air», wenn sanfte Weiblichkeit vonnöten scheint. Ich ersetze das C durch ein B. B wie viel besser. So fühl ich mich jetzt. Und H, wenn ich's recht bedenke. H wie hungrig. Hab noch nicht gefrühstückt. Muss was essen. Geht ja. Ist 10.58 Uhr. Noch massenhaft Zeit.
Der Blauschimmelkäse, im Kühlschrank in Isohaft, schimmelt grün. Das kann nicht gesund sein. Ich muss neuen kaufen, am besten gleich. Morgen komme ich nicht dazu. Brot kaufe ich gleich auch noch. Und Tomaten. Und neue Schuhe, wo ich gerade dabei bin. Wieder zu Hause, esse ich alles ganz schnell auf (bloß die Schuhe nicht), weil ich zurück an den Schreibtisch will, mein Leben in Ordnung bringen. Der kräftige, höhlengereifte Geschmack des Bergkäses umarmt noch meine Zunge, als ich erneut meine Liste studiere. Sehr satt. Und sehr müde. Es ist wichtig, genug zu

schlafen. Ich darf nie genug schlafen, weil ich immer noch Wichtigeres erledigen muss, zur Arbeit gehen zum Beispiel. Heute nicht. Heute habe ich mir freigenommen. Um alles zu regeln, was einem in der Werbung Herr Kaiser abnimmt. Einen Herrn Kaiser kann ich mir nicht leisten. Aber ein Schläfchen. Das hat A-Priorität. Geht ja. Ist 12.34 Uhr. Noch massenhaft Zeit.

14.28 Uhr. Ich weiß nicht, welchen Prioritätsbuchstaben der Punkt «Hausmitteilung ‹Altersvermögensgesetz› durchlesen» auf meiner Prioritätenliste verdient, weil ich ja noch nicht weiß, was drinsteht. In Anbetracht der aktuellen Rentendiskussion muss da mindestens ein B hin, eher noch ein A, weil sich Regierung und Opposition so irritierend einig sind, dass die heute 30-Jährigen dereinst staatliche Existenzminimums-Pensionäre sein werden, falls man sie überhaupt noch in die Rente entlässt, mit 80 vielleicht. Mit 75 will ich Gedichte schreiben, bloß eines in zwei Wochen, will Ruhestand auf einem Südbalkon, der abgesichert ist. Ich male ein A vor «Altervermögensgesetz durchlesen», lese dann aber gleich schon mal rein, um mich zu vergewissern, ob das A tatsächlich A wie angemessen ist. *«§4 Endgeltumwandlung. Bei der Endgeltumwandlung dürfen 1/160 der Bezugsgröße nach § 18 Abs.1 des IV. Buches Sozialgesetzbuch nicht unterschritten werden.»* Ich streiche den Punkt «Hausmitteilung ‹Altersvermögensgesetz blablaba› durchlesen» von meiner To-do-Liste und schreibe stattdessen: «Hausmitteilung ‹Altersvermögensgesetz› an Papa schicken; ihn fragen, was ich tun muss.» Ich brauche einen Kaffee jetzt. Einen starken, aromatischen Kaffee. Geht ja. Ist 15.15 Uhr. Immer noch Zeit.

Das Verwöhnaroma aus der Kaffeetasse kräuselt meine Nasenhaare. Ich komme gut voran. Vor den Punkt «Lohnsteuerjahresausgleich» male ich ein A, weil ich dringend Geld brauche, weil mir mein Zahnarzt ohne Vorwarnung eine völlig überzogene Rechnung ausgestellt hat, weswegen ich vor den Punkt «Termin mit der Rechtsberatung der Verbraucherzentrale vereinbaren» ebenfalls ein A setze. «Einkommenssteuerbescheid an Krankenkasse» bekommt ein B, «Lebensversicherung/Unfalltod» ein C. Ich bin halbwegs jung und gesund und sterbe nicht so schnell, nicht vor dem 1.3.2036. Indes: Was macht mich da so sicher? Ich wohne in einem Mietshaus mit Gasheizung. Das womöglich gleich in die Luft fliegen wird, weil der Raucher im ersten Stock fürchterlich unglücklich sein könnte. Vielleicht verließ ihn seine Freundin gestern Nacht, und jetzt steht er mit der brennenden Kippe im Kopf vor dem Badezimmerboiler, reckt den Hals und küsst – weil sich seine nunmehr Ex-Freundin nicht mehr von ihm küssen lässt – das blaue Flämmchen im Boiler. Er sah tatsächlich sehr unglücklich aus, gestern im Treppenhaus. Verdammt. Ich muss mein Erwachsenenleben in Ordnung bringen, und nun zwingt mich mein Lebensversicherer, an meinen Tod zu denken. Das ist nicht fair. Ich streiche das C vor Lebensversicherung aus und male hin, was es prioritätentechnisch nicht geben sollte: ein D. Und jetzt schau ich schnell im ersten Stock vorbei, damit ich den 1. März in 32 Jahren erlebe. 16.09 Uhr. Mir doch egal.

Der Raucher ist am Chiemsee. Mit seiner Freundin. In der Nacht abgereist, erzählt mir Frau Matschat aus dem Parterre. Ich rufe Susa an. Sie muss erfahren, wie nah ich meinem Tod war. Susa erkennt den Ernst der Lage nicht, hat auch Besseres zu tun, sagt sie, ihren Lohnsteuerjahresausgleich nämlich, den Susa selber macht, was gar nicht zu ihr passt. Wir plaudern dann doch noch über dies und das. Das ist auch lebenswichtig. Wer Freundschaften pflegt, bildet emotionales Kapital, die wichtigste Form der Altersvorsorge. Danach belohne ich mich selbst dafür, dass ich die Gastankexplosion abgewendet habe, indem ich eine Aufgabe erledige, die noch nicht dran ist, sich aber am leichtesten abarbeiten lässt: den Einkommenssteuerbescheid heraussuchen. Ich habe ihn in meinem Leitz-Ordner «Büro aktuell» abgeheftet. Dort hefte ich alles ab, was von den Papierhaufen auf meinem Schreibtisch runterfällt, ich nicht kapiere und/oder nicht gleich zuordnen

kann. Es überrascht mich selbst, dass das so viel sein soll. Der Ordner macht sich ziemlich breit im Regal. Ich suche, suche, suche darin, finde vieles, was ich vergessen hatte. Nur den Einkommenssteuerbescheid, den finde ich nicht. Also nicht. War eh noch nicht dran. Ich wende mich den As zu, rufe die Verbraucherberatung an. Der Anrufbeantworter geht ans Telefon. «Leider rufen Sie außerhalb unserer Geschäftszeiten an.» 18.06 Uhr. Kein Kommentar.
Den VW-Vertragshändler brauch ich jetzt auch nicht mehr anrufen. VW-Vertragswerkstätten sind dicht jetzt. Bleibt nur noch ein Punkt auf der To-do-Liste, ein A: die Lohnsteuerjahresausgleichsunterlagen ordnen. In diesem Punkt habe ich mir nichts vorzuwerfen. In Sachen Steuererklärung könnte manch einer noch von mir lernen. Gewissenhaftigkeit zum Beispiel, die mich jede Quittung aufheben lässt und Kontoauszüge streng nach Nummernfolge sortieren. Ebenso systematisches Vorgehen, das mir diktiert, Rechnungen, die über mein Konto laufen, unter «Bank» abzulegen und Barauszahlungen unter «Kasse». Nur komme ich nicht dazu, all das immer sofort zu tun. Muss ich nun nacharbeiten. Gewissenhaft. Systematisch. Was unglaublich viel Zeit kostet. Mittendrin ruft Claudia an. Im Programmkino bei ihr um die Ecke zeigen sie heute Abend, und nur heute Abend, Michael Moores «Bowling for Columbine», wofür Moore einen Oscar bekam und bei dieser Gelegenheit US-Präsident Bush beschimpfte, dass der Speichel flog. Vor allem anderen, was ich heute muss, muss ich diesen Film sehen. Und hinterher mit Claudia einen trinken gehen. Und die Küche putzen und das Feuilleton der «Zeit» lesen und die «Todesfuge» von Paul Celan, weil die jeder gelesen hat, bloß ich noch nicht, und meiner Mutter einen Brief schreiben und Gallseife auf den Fleck auf meiner Lieblingsbluse träufeln und das Basilikum auf dem Fensterbrett gießen und viel zu spät ins Bett gehen und unruhig schlafen.
Und morgen dann nehme ich einen Zettel und schreibe drauf: «Heute muss ich: siehe oben.» Bin 30 jetzt. Noch massenhaft Zeit.

Ein Mann hat ein schlechtes Gewissen wegen der Söhne von Herrn Schnieders

Ich hatte anderes im Kopf, als Herr Schnieders in mein Leben trat. Es war Samstagnachmittag, ich wollte im Radio die Bundesliga verfolgen. Werder gegen Bayern. Ich war übers Wochenende bei meinen Eltern und nur mal eben Cola kaufen gewesen. Ich hatte etwas vor. Auf einmal saß da Herr Schnieders. «Freut mich, Sie zu sehen. Ihre Eltern haben schon viel von Ihnen erzählt», sagte er.

Herr Schnieders ist Versicherungsvertreter. Meine Eltern hatten ihn eingeladen, damit ich mich von ihm über Versicherungen, Geldanlagen, Riester-Rente und so weiter beraten lasse. Heimlich, damit ich mich nicht davor drücke. Ich interessiere mich nämlich nicht für diese Dinge. Aber meine Eltern meinen, ich sei nun in dem Alter, da ich mich darum kümmern

muss. Sie haben es gut gemeint. Ausgerechnet am Samstagnachmittag, Werder gegen Bayern.
Herr Schnieders bemerkte meine Vorbehalte gegen die Materie, in der er sich nun schon seit drei Jahren, wie er berichtete, über Land arbeite. Vorher sei er ein paar Jahre bei der Bank gewesen, das habe ihm gar nicht gelegen. «Viel Routine, wenig Freiheiten», sagte Herr Schnieders, um einen lockeren Ton bemüht. Ich saß ihm gegenüber, links neben mir saß meine Mutter und rauchte, rechts von mir mein Vater, der rauchte ebenfalls. Wie qualmende Geier saßen sie da. Sie haben es gut gemeint.
In unserer Küche war es warm, sehr warm. Mein Vater sagt, er brauche das, das habe mit dem Alter zu tun. Herr Schnieders ist jünger. Ihm war heiß. Er fuhr mit dem Zeigefinger an der Innenseite seines Kragens entlang. Die Hitze, der Qualm, die Umstände: Herr Schnieders hatte Durst. Meine Mutter bot noch einmal Kaffee an. Sie sagte: «Herr Schnieders hat zwei kleine Söhne.» Herr Schnieders nickte und schaute heimlich auf die Uhr, nachdem meine Mutter sich zu mir gedreht hatte.
Welche Versicherung denn nach meiner Meinung die wichtigste sei, fragte er. «Eine Lebensversicherung werde ich mir heute bestimmt nicht zulegen», sagte ich. Ich wollte nicht hart sein, nur sicher wirken. Herr Schnieders grinste komisch. Es tat mir Leid. Aber ich hatte gleich mit mehreren männlichen Urtrieben zu kämpfen. Ich wollte mich nicht übers Ohr hauen lassen. Ich wollte Fußball hören. Ich wollte meine Attraktivität als Mann mit Hilfe von Versicherungen erhöhen. Ich wollte meinen Eltern zeigen, wie geschickt ich im Verhandeln bin. Ich musste meine Höhle vor dem fremden Eindringling schützen. Außerdem hatte ich mir vor längerer Zeit vorgenommen, erst am Ende meiner Ausbildungszeit diesen Papierkram zu regeln. Ich würde mir Berater empfehlen lassen, Termine vereinbaren und in meinem Urlaub ganz in Ruhe mit ihnen sprechen. Bestimmt. Aber heute wollte ich Radio hören, Werder gegen Bay-

ern. «Er will sich nur mal grundsätzlich informieren», sagte meine Mutter.

Herr Schnieders war noch nicht lange genug Vertreter, um zu wissen, wie man mit einem renitenten 30-Jährigen und dessen Kette rauchenden Eltern umgeht. Sicher hatte er auf eine Provision spekuliert an diesem Samstagnachmittag, Werder gegen Bayern. Es hätte ein Freundschaftsspiel für ihn werden sollen, ein Trainingskick. Drei Punkte einfahren, aus die Maus. Und jetzt so ein mieser Start.

Herr Schnieders erinnerte mich an den netten Herrn, den meine Freunde und ich mal zu einer Weinprobe gebeten hatten. Ins Haus von Christophers Eltern. An die war auch die Karte adressiert gewesen, auf der ein Herr mit akkurat gestutztem Vollbart seine Moselweine anpries. Er komme gerne unverbindlich ins Haus, um die guten Tropfen vorzuführen, stand da. Christopher meinte, das sei doch eine tolle Sache fürs Wochenende. «Umsonst Wein saufen, unterhalten werden und danach noch in die Stadt gehen», hatte er gesagt. Uns gefiel die Idee. Eine Woche später, Christophers Eltern waren im Urlaub, klingelte der Vollbart, in jeder Hand einen Koffer. Man hörte darin Flaschen aneinander stoßen. Der Weinkenner, seinen Namen habe ich vergessen, hatte aber nicht mit uns sechs Halbstarken gerechnet, die MTV-guckend um den Wohzimmertisch saßen und auf Gratiswein geierten. Wir probierten uns durch die Kollektion und witzelten über blumiges Bukett und scharfe Milde. Wir schlürften und verzogen das Gesicht wie Biolek, wenn er die Gerichte seiner Promis probiert. Nach einer Stunde öffneten die ersten ihre Bierflaschen, weil ihnen Wein «irgendwie doch nicht so gut» schmecke. Wir beschlossen, als nette Geste zumindest eine Kiste Wein zu ordern. Sechs Flaschen für einen Samstagabend. Nicht gerade der wahre Jakob. Christophers Eltern bekamen nie wieder eine Weinproben-Karte, und unsere Alibi-Bestellung ist nie angekommen.

Herr Schnieders wollte retten, was zu retten war. Er pries Hausrat- und Haftpflichtversicherungen an. An den Fingern zählte er ab, was man so alles brauche mit 30. Er bot an, meine Finanzen zu sortieren, mir ein Aktiendepot aufzubauen. Er kämpfte um langfristige Anbindung an unsere Familie. Ich begann, Herrn Schnieders zu mögen. Meine Zuneigung zu ihm erwuchs aus Mitleid und Ärger. Mitleid mit dem Mann, der Samstagnachmittag, Werder gegen Bayern, mit mir hier sitzen musste. Ärger über mich, weil ich nicht weiter auf ihn zuging. Aber ich konnte nicht. Ich war blockiert.
Dämmer hatte sich über meine Augen gelegt. Ich verstand nichts von Zinsausschüttung, Vergütung und festen Laufzeiten. Ich sah die grauen und gelben Formulare mit den vielen Kästchen, die ich hätte ausfüllen müssen. Ich dachte daran, dass ich mit meinen Freunden nie über solchen Papierkram rede. Ich stellte mir Herrn Schnieders in einem Kombi vor mit Werder-Sticker auf der Heckscheibe. Mir kamen seine zwei Söhne in den Sinn, denen er heute Morgen womöglich Werder-Trikots gekauft hatte. Wenn wir die Bayern heute schlagen, fährt Papa morgen mit euch zu McDonald's, hatte er vielleicht am Mittag zu ihnen gesagt, war in seinen Kombi gestiegen und hatte dabei an die fette Provision gedacht, die er heute bei dem komischen Termin mit Eltern und erwachsenem Sohn herausholen würde. Dauert bestimmt nicht lang. Und nun dauerte es doch lang. So verdammt lang in dieser Brüllhitze und dem Qualm, mit dem verstockten Riesenbaby und den gluckenden Eltern. Daheim hockten in ihren neuen Trikots die Söhne vor der Premiere-Live-Übertragung. Ohne Papa. Ich hatte ein schlechtes Gewissen.
Herr Schnieders fragte, ob ich mir vorstellen könne, eine Eigentumswohnung zu kaufen. Ich sagte ihm, ich habe nicht genug Geld dafür. «Das soll das Problem nicht sein», sagte Herr Schnieders, der meine Eltern inzwischen um eine Zigarette

zum Kaffee gebeten hatte. Er rauche zwar seit ein paar Monaten nicht mehr, aber was soll's. Jetzt wird er meinetwegen auch noch abhängig, dachte ich. Ich musste handeln. «Herr Schnieders», sagte ich, «bei solchen Dingen bin ich ein bisschen spießig. Ich brauche meine Zeit, muss abwägen und durchrechnen. Das kann ich nicht hier, heute, in der Küche meiner Eltern. Lassen Sie mir bitte ihre Unterlagen und eine Karte hier. Ich melde mich dann im Laufe der kommenden Woche bei Ihnen.»
Herr Schnieders wirkte zufrieden, Werder gegen Bayern war noch nicht aus, Feierabend nahte. Er sortierte die Papiere in einen grünen Ordner, auf den Rücken schrieb er mit schwarzem Filzstift meinen Namen. Vorne auf dem Ordner stand sein Name, Anschrift, Telefonnummer. Er wollte einen Fuß in die Tür bekommen. Seine Duftmarke setzen. Auch ein männlicher Urtrieb, ich kenne das. Als ich zum ersten Mal Sandra in ihrer Braunschweiger Wohnung besucht habe, bin ich sonntags wieder gefahren, ohne meine Zahnbürste mitzunehmen. Die blieb in ihrem Zahnputzbecher. Als Signal. Herr Schnieders ging ähnlich vor. I was here und ich komme wieder. Das macht Mann so.
Ich verabschiedete mich per Handschlag von Herrn Schnieders und ging hoch in mein Zimmer, um wenigstens die Bundesliga-Schlusskonferenz noch mitzubekommen.
Es war ein spannendes Spiel, ein Wahnsinnsspiel, wie der Reporter schwärmte. Als die Übertragung längst zu Ende war, hörte ich unsere Haustür zuschlagen und wenig später ein Auto von der Einfahrt rollen. Meine Eltern berichteten, sie hätten bei Herrn Schnieders ihre Haftpflichtversicherung erneuern lassen. Sie sagten: «Er fand dich sehr nett.»
Bremen hatte 2 : 1 gewonnen. Ich meldete mich nicht mehr bei Herrn Schnieders.

Eine Frau verwechselt rinks und lechz

Ich stelle mir vor, ich würde Bundespräsident. Ich las, der Job sei noch zu haben. Und dass Frauen bei gleicher Qualifikation bevorzugt würden.
Ich rufe an im Bundespräsidentenassessmentcenter. Angela Merkel geht ans Telefon. Sie klingt gehetzt. Sie habe nicht viel Zeit, sagt sie. Die Bundespräsidentenassessmentcentersekretärin habe man kostensparend in den Vorruhestand versetzt, und nun müsse sie, die Frau Merkel, alle Bewerbungen selber sichten. Schon 11.000 auf eine Stelle. «Sie wissen ja, wie das heute ist», sagt sie Verständnis heischend, «fast fünf Millionen arbeitslos.»
Ich weiß. Deshalb will ich ja den Job. Bundespräsidenten baut man nicht ab. Bundespräsidenten haben immer Zukunft, auch die halbtoten. Frau Merkel legt die Hand auf die Muschel. Ich hör's aber trotzdem. «Gehen Sie schon mal durch», sagt sie und nimmt die Hand wieder runter von der Muschel. «Das war die Frau Schavan, die Annette», sagt Frau Merkel. Die komme zum Bewerbungsgespräch. «Schlag auf Schlag geht das hier. Um elf ist der Behörden-Gauck dran, um halb zwölf der Erwin Teufel. Den kennen Sie wohl nicht. Keiner kennt den», sagt sie und kichert ein bisschen vertrauensbildend. «Muss Schluss machen», sagt Frau Merkel und sichert zu, mir einen Bewerbungsbogen zu schicken. «Wir sehen uns», sage ich, schon sehr staatsmännisch, und lege auf.
Frau Merkel hält Wort. Ungewöhnlich. Den Bundespräsidentenbewerberbogen lässt der Briefträger, ein sehr zuverlässiger Betriebswirtschaftler, 30 Jahre, Prädikatsexamen, zwei Tage drauf in den Kasten plumpsen. Ich fülle ihn mit einem Mont-Blanc-Füller aus. Es sind bloß vier Fragen.

1. Üben Sie ein besoldetes Amt, ein Gewerbe oder einen Beruf aus? Ein Bundespräsident darf das nämlich nicht.

Nein, schreibe ich. Das entspricht zwar nicht der Wahrheit, aber in diesen Tagen ändern sich solche Wahrheiten ja schnell. Claudias gut bezahlter Job beim Waschmittelgiganten steht zur Disposition. Monas Stelle beim Homepage-Entwickler gibt's nicht mehr. Karins Ich-AG schrumpft umsatztechnisch zur Wicht-AG. Jochen kann die Mitarbeiter seiner Werbeagentur nicht entlassen, weil ihm die Bank das Geld für deren Abfindungen nicht vorstreckt; dann also Konkurs. Und obgleich meine Freunde und ich noch hoffen, dass sich Deutschlands Wirtschaft wieder aufschwingt zur alten Fitness, ahnen wir doch, dass dies nicht mehr Arbeit für Deutschland bedeutet. Ganz sicher nicht mehr Arbeit für die freundliche Dame im Reisebüro, denn unsere Ferien buchen wir nunmehr im Internet. Sicherlich nicht wieder Arbeit für den geschassten Berater in der Bankfiliale, denn in der Bankfiliale begegnen uns mehr und mehr echte Automaten. Bestimmt nicht mehr Arbeit für den klammen Inhaber des Haushaltstechnikfachgeschäfts, denn kaputte Staubsauger schmeißen wir weg, um dann fast neue bei eBay zu ersteigern. Garantiert nicht mehr Arbeit für den Handwerksbetrieb, wo wir doch endlich unsere Bekanntenkreise um Schwarzarbeiter für jedes Bedürfnis erweitert haben. Absolut sicher mehr Arbeit für Asien, wo die Städte mit dem Export wachsen und der Kanzler Transrapid fährt durch Shanghai.
Es gibt keine Chance, nutzen wir sie: Jeder ist sein Ego-Unternehmen. Und ich – werd Bundespräsident.

2. Aufgabe und Zweck der Politik ist die Sicherung des Lebens im weitesten Sinn. Sie ermöglicht dem Einzelnen, in Ruhe und Frieden seinen Zwecken nachzugehen, das heißt unbehelligt von Politik zu sein. Teilen Sie diese Einschätzung?

Kommt darauf an, schreibe ich. Mehr nicht. Das wird Eindruck machen, weil es zeigt, dass ich mich nicht festlegen lasse, was wiederum den Schluss zulässt, dass ich auf politischem Parkett, wenn die Musik einsetzt, die wichtigste Schrittfolge beherrsche, die von Staatsmanns Eiertanz. Der Punkt geht an mich. Was aber, wenn Frau Merkel im Vorstellungsgespräch nachhakt und fragt, worauf es denn ankomme? Unmöglich, ihr die Wahrheit zu sagen. Wahr ist: Ich weiß es nicht. Vielleicht, weil die Politik lange Jahre meines Lebens offenbar ihren Zweck erfüllte und ich also unbehelligt blieb von ihr. Meinerseits sorgte ich dafür, unbehelligt von Politikern zu bleiben. Politik machten nämlich immer die Falschen.

Mein Vater war Politiker und der Falsche, weil er ja mein Vater war. Den will man nicht teilen, höchstens mit Geschwistern. Ich aber musste jedem Wähler ein Stück von ihm abgeben; so viele Wähler, so viele Stücke, da blieb nicht mehr viel übrig für mich. Der Vorsitzende der Schülervertretung war der Falsche, weil er bei der Vollversammlung in der Schulaula auf einem Podest saß. Dort fiel dann jeder auf, wie gut er aussah, was seine Chancen maximierte, weshalb ich bei ihm chancenlos blieb. Die Jungsozialen in der Juso-Hochschulgruppe waren allesamt die Falschen, weil sie den Fachschaftsraum der Historiker okkupierten und jeden, der an die Türe klopfte (statt sie einfach aufzureißen), gleich verdächtigten, für diese Welt zu feige zu sein. Auch brachte es keinen Spaß, mit ihnen «Trivial Pursuit» zu spielen, weil sie jede Antwort zu Fragen aus Geschichte und Gesellschaft mit öden Strippenzieh- und Besäufnis-Berichten vom letzten SPD-Parteitag verknüpften. Sie waren die Falschen, weil jeder seine Gesinnung so breit vor sich hertrug, dass man den Menschen hinter der Gesinnung nicht mehr sah und der nicht mehr die Menschen davor. In diesem Sinne waren auch die RCDSler total falsch. Zudem trugen deren Jungen gestärkte Oberhemden und deren Mädchen Seidentücher um den Hals.

Dass Helmut Kohl der falsche Kanzler war, kann ich nicht mal sagen. Kohl war einfach da, unverrückbar wie die Einbauküche in meinem Elternhaus, die mich nicht weiter interessierte. Bloß die Leute in der ARD behaupteten immer, Kohl sei der Falsche und müsse weg, so wie meine Mutter meinem Vater erklärte, die Einbauküche sei nun aber wirklich oll, und sie brauche dringend eine neue. Etwa zeitgleich wurden beide ausgetauscht, Kohl und Küche. Die Nachfolgemodelle habe ich mir genauer angeschaut. Die neue Küche ist o. k. Der neue Kanzler und seine Minister sind die Falschen, ganz klar. Die roten Minister, weil sie das politische Geschäft genauso führen, wie es die schwarzen vor ihnen taten. Also geben sie Fehler nicht zu, erzählen von Transparenz, um weiter diffus zu bleiben, machen die Opposition nieder, nur weil's die Opposition ist, bedienen den zuerst, der ihnen am nächsten steht und direkt in ihr Ohr brüllt, und gehorchen nicht der Klugheit, sondern der Cleverness und den Zwängen, dem Zwang der Fraktion, dem zur Popularität und dem zum Machterhalt. Die grünen Minister sind die Falschen, weil sie es ebenso halten. Sie sagen und vertreten Dinge, die denen gleichen, die jene sagten und vertraten, von denen die Grünen behaupteten, sie seien die Falschen und müssten weg. Kein Wunder, dass es immer weniger Leute gibt, die meinen, rinks und lechz seien nicht zu velwechsern.

Mag sein, dass unter den vielen Falschen etliche Richtige sind. Mag auch sein, dass mir das nicht auffällt, weil die Politik nun ziemlich falsch läuft, offensichtlich also nicht mehr ihren Zweck erfüllt. Denn mit einem Mal behelligt sie mich, sagt «wir müssen, wir sollten, wir können nicht mehr weiter wie bisher». An die Stelle von Verheißungen sind Angstszenarien getreten, statt Frieden Krieg, statt ‹Arbeit für alle› ‹Arbeit is' alle›, statt Ruhe im Alter ‚Gib Ruhe, Alter, neue Hüften kriegste nicht'. Unsere Eltern wollten, dass es uns einmal besser gehen wird als ihnen. Wir ahnen, dass es uns schlechter gehen wird. Wie es wird und wie viel schlechter, weiß keiner. Das soll auch jeder selbst entscheiden. «Gestärkte Eigenverantwortung» lautet die politische Euphemismus-Vokabel dieser Tage. Heißt: Ob bei Gesundheit, Bildung, sozialer Sicherung – der

Staat gibt Verantwortung ab, legt sie mir in die Hände. Ich habe nicht darum gebeten.

Doch vielleicht liegt hierin ja die Chance. Dass sich an der Eigenverantwortung die Eigeninitiative stärkt, was die Initiativen verstärken würde, die Attacs und Robin Woods, die Kirche-für-Kinder- und Rettet-die-Rheinwiesen-Bündnisse. Die könnten dann den Spieß umdrehen und Politiker mächtig behelligen. Bedeutete das dann, die Politik verfehle ihren Zweck, weil sich so viele mit ihr beschäftigen? Ich weiß es nicht.

Hoffentlich hakt Frau Merkel in meinem Bewerbungsgespräch nicht nach.

3. *Es entspricht guter Übung, dass sich das Staatsoberhaupt mit öffentlichen Äußerungen zu tagespolitischen Fragen zurückhält, die parteipolitisch umstritten sind. Würde Ihnen das schwer fallen?*

Nein, schreibe ich. Bin ja nicht blöd.

4. *Als Bundespräsident müssen Sie Reden halten, am besten solche wie Roman Herzogs Durch-Deutschland-muss-ein-Ruck-gehen-Rede. Die hat geknallt, von der sprach jeder. Unter welches Motto werden Sie Ihre erste Rede stellen?*

Fragt mich nicht.

Fertig. Ich unterschreibe den Bundespräsidentenbewerberbogen (nur um zu beweisen, dass ich den Hauptjob eines deutschen Staatsoberhauptes beherrsche) und schick ihn zurück nach Berlin.

Drei Tage später ruft Frau Merkel an – und druckst ziemlich rum. Sie habe vergessen, sagt sie, auf dem Bewerbungsbogen die Angaben zur Person abzufragen, Staatsangehörigkeit, Augenfarbe, Familienstand und so. «Wie alt sind Sie denn?», fragt Frau Merkel. «30», sage ich. «Dann sind Sie zu jung», sagt Frau Merkel. «Bundespräsidenten müssen mindestens 40 sein.»

Sag ich doch: Politik machen immer die Falschen.

Ein Mann auf dem Weg zum Abchecker

Ich sitze im Auto und fahre zu meinem Steuerberater. Er hat sein Büro in einer anderen Stadt, eine Freundin hat ihn mir empfohlen. «Der macht das alles für dich» hatte sie gesagt, das reichte mir.

Ich habe ihn angerufen und ihm von meinen Ängsten erzählt. Herr Lagemann, habe ich gesagt, früher bin ich nachts aufgewacht, weil die Mathearbeit anstand und ich noch nicht gelernt hatte. Heute wache ich nachts auf, weil das Alter vor der Tür steht und ich noch nicht vorgesorgt habe.

«Kommen sie direkt morgen früh zu mir», hat Herr Lagemann geantwortet. Das klang nach Klarmacher, Abchecker, Durchblicker. Da wusste ich, das ist mein Mann.

Ich finde es sympathisch, dass mein Steuerberater in einer kleinen Stadt arbeitet. Das steht für Übersichtlichkeit. Ich finde im Moment nämlich alles sehr unübersichtlich. Ich soll mich für Versicherungen entscheiden und für irgendwelche Geldanlagen, von denen ich nichts verstehe. Ich spüre zum ersten Mal, dass politische Entscheidungen direkte Auswirkungen auf mein Leben haben. Im Moment vor allem finanziell. Ich will diese Auswirkungen einordnen können, sie für mich nutzen. Und ich will nachts gut schlafen können. Ich bin politisch geworden, ohne politisiert zu sein. Einfach, weil ich in dem Alter bin. Ich bin froh, dass ich einen Steuerberater habe.

Im Radio läuft ein politisches Magazin. Deutschland ist ein Land ohne Versprechen, sagt der Soziologieprofessor Heinz Bude. Er zählt auf, was sich alles ändern muss. Es dauert, bis er fertig ist: Bildungssystem, Rentensystem, Wirtschaftswachstum, Arbeitslosenzahlen, Gesundheitssystem, Staatsverschuldung, Geburtenrate. Der Professor ist sauer, glaube ich. Das sind keine guten Zeiten für junge Leute, sagt er.

Früher habe ich mir so etwas angehört und gedacht, Mensch,

das sieht ja duster aus; die armen Politiker, die sich mit so was rumschlagen müssen. Dann bin ich trotzdem unbeschwert lernen, studieren oder arbeiten gegangen. Früher war das abstrakt, weil ich mich in der Gegenwart befand. Zukunft kam nur insofern vor, als ich mich gut eingerichtet in ihr sitzen sah. Zukunft war das, was auf eine Gegenwart folgen würde, in der ich engagiert die Anforderungen erfülle. Ein Zustand, in dem Ziele erreicht, Wünsche erfüllt waren. Ich hatte verkannt, dass das in den Nachrichten die wirkliche Zukunft war. Und ich hatte meine Fehleinschätzung erst bemerkt, als ich bereits in der Zukunft angekommen war.

Bei Wahlen war es bisher so, dass ich eine Partei nicht so sehr wegen ihrer Leistungen oder ihres Programmes gewählt habe. Das meiste davon, dachte ich, betraf mich ohnehin nicht. Parteien waren für mich eher Marken, die für etwas standen. Nun, da ich unmittelbar mitbekomme, was Politik ist, höre ich auf, mich über Marken zu definieren. Ich lasse sie nicht mehr bestimmen und entscheiden, wer ich bin. Das mache ich jetzt selbst. Habe ich mir vorgenommen.

Der Soziologe im Radio sagt, das Problem in Deutschland bestehe darin, dass man wieder Anpassungsfähigkeit schätze und Vorhersehbarkeit. Man misstraue den Jungen, die mit Ideen und Visionen daherkommen. Lieber gesehen seien die 60- bis 70-Jährigen, weil die sich auskennen mit Krisen.

Neben mir auf dem Beifahrersitz liegt mein Ordner, in dem ich alle Briefe sammle, die irgendwie mit Vorsorge und Ämterdingen zu tun haben. «Zukunft» habe ich darauf geschrieben. Ich war ernüchtert, nachdem ich das getan hatte. Wenn meine bisherige Vorstellung von Zukunft ein verwunschenes Schloss mit roten Zinnen mitten im Schlaraffenland war, dann ist das da im Ordner eine Doppelhaushälfte in Aschaffenburg. So sollte meine Zukunft eigentlich nicht aussehen. Ich kenne mich inzwischen auch gut aus mit Krisen.

Ich lebe zwischen Gegenständen wie Waschmaschine, Kühlschrank und Auto. Ich muss über Dinge wie Rente, Krankenversicherung und Steuererklärung nachdenken. Alles Sachen, die einen Erwachsenen charakterisieren. Trotzdem verlängert sich meine Twen-Phase, mein Dasein als Hoffnungsträger, mein Status als Nachwuchs-Talent, mein Aufschub in Berufsdingen immer weiter. Irgendwie nimmt die Halbsklaverei von Praktikums- und Volontariatsexistenz, mit der ich die Wirtschaft zum kleinen Preis am Laufen halte, kein Ende. An die Stellen, wo man auch im Job zeigen könnte, dass man mit Verantwortung umgehen kann, kommt niemand mehr so leicht. Dort blockieren die Alten, die Ratschläge erteilen, obwohl sie vergleichbare Situationen nie erlebt haben. Bislang sagten Eltern zu ihren Kindern den Satz: «Ihr werdet es einmal besser haben als wir.» Jetzt sagen Kinder zu ihren Eltern: «Ihr werdet es einmal besser gehabt haben als wir.»
Gestern erst habe ich in der Zeitung gelesen, dass die Tourismusbranche ganz baff ist, wie viele Junge ins Sauerland, in den Schwarzwald oder an die Ostsee fahren, wenn sie Urlaub machen. Dort gehen sie spazieren oder sitzen in der Natur herum. Ein Unterschied zur Großeltern-Generation sei da kaum auszumachen. Vielleicht reisen die Jungen ja einfach den Alten hinterher, um sich mal die letzten derjenigen anzuschauen, für die die Gesellschaft gesorgt hat. Gibt ja bald keine mehr.
Womöglich kommen die Jungen dem Geheimnis der Alten auf die Schliche, wenn sie sie nur lang genug begaffen. Was haben die nur anders gemacht als wir? Die Alten bekommen nach und nach eine Aura, die schon etwas Mystisches hat. Sie tragen ihre beigen Blousons wie Magier den schwarzen Umhang. Bedeutet das zufriedene Lächeln, das sie im Gesicht tragen, Milde und Weisheit, oder ist es nur eine Mitleidsbekundung?
Der Tourismus-Fachmann erklärte das Jugend-in-den-Schwarzwald-Phänomen dann mit der immer stärker werdenden Be-

deutung des Privaten. Die Jungen wünschten sich halt auch mal eine sorglose Zeit.

Das Private wird zum Rückzugsort, wenn man merkt, dass man nicht mehr erreichen kann, was man sich im Beruf so vorgenommen hat. Irgendwoher müssen Zufriedenheit und Anerkennung ja kommen.

Der Soziologe sagt, das Schlimmste, was Deutschland jetzt passieren könnte, ist, dass alle sich in ihren Lebenswelten einigeln, das Ersparte festverzinslich anlegen und sich mit dem starren Blick auf den kleinsten Vorteil durchs Leben schlagen.

Heinz Bude hat gut reden. Ich bin jetzt in dem Alter, da der Blick auf meinen Kontostand zugleich der Blick in meine Zukunft ist. Was waren das für Zeiten, als ich am Auszug ablesen konnte, wie viel Geld ich in diesem Monat auf den Kopf hauen konnte! Was waren das für Zeiten, als ich meine Lebensenergie fröhlich verbrannt habe, ohne etwas davon abzuknapsen für die Vorsorge!

Es ist nicht mehr weit bis zu meinem Steuerberater. Der Soziologe regt sich nicht mehr so auf, man merkt, dass er auf ein versöhnliches Ende zusteuert.

Die 30- bis 40-Jährigen, sagt er, werden am Ende ihren Kindern von einer Zeit erzählen, als das Wünschen noch geholfen hat. Ich weiß nicht, ob der Soziologe das so gemeint hat, aber irgendwie wirkt dieser Satz motivierend auf mich. Vielleicht, weil er so etwas wie Gemeinsamkeit beschwört. Eine Krise kann ja auch den Geist klären und die Sinne fürs Wesentliche schärfen. Wer heute erlebt, wie es sich anfühlt, verhindert zu werden, wird morgen dafür sorgen, dass es einmal anders zugeht.

Wie ich das genau machen muss, wird mir jetzt hoffentlich mein Steuerberater verraten.

STUDENTENBUDE

Eine Frau fragt sich was

Studentenwohnheim. Ein guter deutscher, weil zweifelsfreier Begriff. Das Studentenwohnheim heißt Studentenwohnheim, weil Studenten darin wohnen. Keine Immatrikulation, kein Mietvertrag, keine Exmatrikulation, kein Rauswurf. Klare Sache. Dagegen Studentenbude! Was für eine ungenaue Bezeichnung. Heißt eine Studentenbude so, weil ein Student darin wohnt? Oder nennen wir sie so, weil es darin aussieht und hergeht, als ob eine etwas schlampige, finanziell minderbemittelte, dem Lernen und dem Leben zugetane Sexmaschine – ein Student eben – dort hauste? Ich tippe Letzteres.
Aber warum zieht man dann überhaupt aus?

Ein Mann denkt zurück an die Delphin-Lichterkette einer Frau

Die Delphin-Lichterkette, das war Braunschweig. Um den Spiegel im Badezimmer hatte Sandra sie gehängt. Sonst gab es in dem kleinen Raum kein Licht; natürliches nicht und auch kein künstliches. Die Delphin-Lichterkette tauchte alles in trübe Weichheit, das war angenehm, gerade im Winter, wenn einem ohnehin nach so etwas ist. Sanft, bemüht fast, beleuchtete die Delphin-Lichterkette die Gegenstände, die Mädchen brauchen und ihre Badezimmer für Jungs so faszinierend machen, weil es da immer etwas zu entdecken gibt: die orange-braunen Vivality-Flaschen, die Frucht-Körperbutter aus dem Bodyshop. Wer wieder heraustrat aus diesem Badezimmer, fühlte sich geblendet, ein bisschen wie auf die Welt gekommen, oder besser: in die Wirklichkeit. Die Delphin-Lichterkette, das war Braunschweig.
Vier Jahre hat Sandra in der Wohnung mit dem delphinbeleuchteten Bad gewohnt, zwei Drittel ihrer Studentenzeit. Ich

kam an vielen Wochenenden dorthin, mit der Bahn über Hannover aus Düsseldorf. Man fuhr vier Stunden, und der Abstand genügte, die Wochenenden vom Alltag zu trennen. Als Student ist das möglich. Solche Wohnungen behalten immer die Erinnerung an die in ihnen erlebte Zeit. Es ist ja meist die erste, in der man selbständig lebt, so, wie man es sich im Jugendzimmer daheim vorgestellt hatte. Sie sind seltsamerweise nie Alltag, liegen außerhalb der Wirklichkeit, sind Höhlen des Aufschubs. Die Wände schützen den Bewohner vor dem, was er durchs Fenster schon drohen sieht. Aber langsam, der Ernst des Lebens ist erst mal noch woanders, da draußen irgendwo, vielleicht in der Wohnung nebenan, jedenfalls nicht hier. Dann fing Sandra an, ihre Diplomarbeit zu schreiben.

Und wie sie so in der Wohnung mit der Delphin-Lichterkette saß, meinte sie, die Wirklichkeit mit jedem weiteren fertig gestellten Kapitel immer vernehmlicher an die Tür klopfen zu hören. Einmal öffnete sie sogar, und da stand tatsächlich ein schon unheimlich wirklich aussehender älterer Herr. Er arbeitete für die GEZ und freute sich über die Provision, die er bekommen würde.

Meinen Besuchen am Wochenende konnte das alles nichts anhaben. Wir gingen ins Stadion zur Eintracht und wärmten uns auf, wir gingen zu Partys und schliefen uns aus in der Wohnung mit der Delphin-Lichterkette. Wir gingen ins Café und kehrten zurück – bis Sandra ihre Diplomarbeit fertig hatte und die Wohnung mit der Delphin-Lichterkette kündigen musste.

Sie hatte eine Doktoranden-Stelle bekommen, in einer anderen Stadt, größer als das gemütliche, behütete Braunschweig. Ohnehin war sie schon eine der letzten aus ihrem Anfangssemester, die noch dort wohnten. Diese wenigen und ein paar mehr kamen zur Abschiedsfete an Sandras letztem Tag in Braunschweig und in der Wohnung mit der Delphin-Lichterkette.

Zuvor war Sandras Vater da gewesen, und sie hatten einen geliehenen Bully gemeinsam mit all dem beladen, was in die neue Stadt mit der neuen Wohnung sollte. Sandras Vater half der Tochter sehr engagiert, aber als er ihren authentischen Flokati-Teppich runtertragen wollte, musste er würgen. So ein Flokati riecht nun mal nicht so doll, vor allem, wenn er authentisch ist. Also warf er den Flokati auf den sehr schön passend an der Straße auf Abholung wartenden Sperrmüll der Nachbarn. Zurück in Tochters Wohnung, berichtete er von den Konvulsionen im Magenbereich und von der eigenmächtigen Entsorgungsaktion im Dienste seines Nachwuchses. Sandra schimpfte nicht. Sie rannte sofort runter. Aber den Flokati hatte sich schon jemand gegriffen. Machte aber nichts, Hauptsache, die Delphin-Lichterkette war in Sicherheit. War sie? Ja, längst verstaut im Bully in einem Karton mit viel Zeitungspapier, auf den mit Filzstift «Bad» geschrieben stand.

Als Sandras Vater abfuhr, standen in der Wohnung, in der nun keine Delphin-Lichterkette mehr brannte, nur noch ein alter Kühlschrank, ein Bett und die Musikanlage mit ausgewählten CDs. Für die Party. Die Küche war nicht mehr zu betreten. Sandra hatte den Abtauvorgang des Kühlschranks beschleunigen wollen, indem sie das Eis mit Hammer und Schraubenzieher aus dem Gefrierfach brach. Einmal hämmerte sie zu feste, nun zischte es. Irgendwas entwich, giftiges Gas vermutlich. Sandra hatte die Küchentür abgeschlossen und außerdem zur Sicherheit Bierkisten davor gestellt.

Sicher, Sandra war traurig, von hier wegzumüssen. Jeder Gast, dem sie die Tür öffnete, war eine Begegnung mit der eben abgelaufenen Studentenzeit. Die ersten wirkten verloren in der leeren Wohnung, es fehlte etwas, etwas war nicht wie sonst. Ach ja, die Möbel. Bald würde sich die Kommilitonen-Runde zerstreuen, in die Schweiz zog es einen, nach England und sogar bis Kanada gingen andere. Sandra wollte morgen Abend Anlage und Bett ins Auto packen und losfahren.

So viel Gedenken, Andenken und Abschied macht besoffen, und dazu trank Sandra noch eine Menge. Wie viel, kann sie gar nicht mehr sagen, genug zumindest, um das Klingeln der Polizei zu überhören, die ein aufgebrachter Nachbar gerufen hatte. Zum Glück aber regelten das zwei der Partygäste; die wirkten vertrauenswürdig genug, um glaubhaft zu versichern, gleich werde es ruhiger. Sandra grölte derweil den gerade noch nachvollziehbaren Text von «I'm horny, horny, horny, horny tonight» mit. Die Polizisten gingen, möglicherweise hatten sie Verständnis für die Ausnahmesituation, wenn sich jemand von der Wohnung verabschieden muss, in der noch bis zum Mittag die Delphin-Lichterkette das Bad mühsam beleuchtet hatte.

Wann sie zu Bett gegangen war, wusste Sandra am Morgen nicht mehr, nur, dass sie besser daran getan hätte, den Wecker noch dazubehalten. Um 17 Uhr musste sie schließlich die Wohnung übergeben, und jetzt war es bereits elf. Ans Übergeben dachte sie trotzdem sehr intensiv. Sie rief bei den beiden Jungs an, die ihr versprochen hatten, in der Wohnung klar Schiff zu machen. Vielleicht könnten die ja noch andere mitbringen, denn – wie Sandra vom Bett aus bemerkte – die Gäste hatten gestern Abend vergessen, Bierflaschen in die Kisten zu räumen, ja, sie hatten sogar vergessen, einige Flaschen auszutrinken, bevor sie sie auf dem Boden umkippten.

Sandra hatte sich keine Gedanken darüber gemacht, dass die beiden Jungs gestern auch mitgefeiert hatten und erst heute nach Hause gegangen waren. Es kam denn auch nur einer von ihnen, und zwar ganz allein. Und völlig erschöpft, denn wie verabredet hatte er einen 10-Liter-Eimer Dispersionsfarbe weiß dabei. Als sie eine Wand gestrichen hatten, fiel ihnen auf, dass exakt die gleiche Farbe ohnehin schon an den Wänden klebte. Also schenkten sie sich den Rest, ließen aber den Farbeimer noch offen herumstehen, des vertrauensfördernden Geruchs wegen. Alter Hausverwalter-Bescheißer-Trick. Als wäre der

Himmel auf Seiten der Mieter von Wohnungen, in denen bis gestern noch eine Delphin-Lichterkette im Bad hing, schickte er gegen halb fünf die Dämmerung, die pflichtschuldig ausbesserungsbedürftige Stellen an der Wand mit nachtgrau getünchter Trübheit bedeckte. Der Hausverwalter war zufrieden und Sandra blieb nur noch eines: Abfahrt, das war's dann.
Auf der Fahrt in die neue Stadt tröstete sie sich damit, dass sie viel telefonieren würde mit den ehemaligen Kommilitonen, so hatte man es vereinbart. Auch Treffen hatte man schon angedacht. So schlimm, dachte Sandra auf der Fahrt in die neue Stadt, wird das alles gar nicht. Und außerdem hatte sie ja noch die Delphin-Lichterkette.
Die Delphin-Lichterkette aber, das merkte Sandra bald nachdem sie den Karton mit der Aufschrift «Bad» geöffnet hatte, würde nie mehr leuchten. Vielleicht war der Karton hingefallen, die meisten Delphine waren jedenfalls zerbrochen, und wenn man den Stecker in die Steckdose steckte, tat sich – gar nichts. Die Delphin-Lichterkette, das war Braunschweig.

Eine Frau schwört sich was

Nie sollte mir das passieren. Eher würde ich mich erschießen, reich heiraten oder Hippie werden. Alles. Nur das nie.
Das Nie sah ich im Verwaltungsbüro eines weltweit führenden Herstellers von Industrieschaltschränken. Wie mein Bruder, meine Schwester, meine Schulkameraden und deren Geschwister jobbte ich dort während der Sommerferien. Einer der Verwaltungsangestellten des Industrieschrankbauers hatte das Nie neben seinen Schreibtisch an die Wand gehängt: ein Blatt Kartonpapier, gut ein Meter mal ein Meter groß. Darauf, nach Monaten unterteilt, die 365 Tage des laufenden Jahres. Für jeden Tag ein kleiner Kasten. Die Kästchen seiner Urlaubstage hatte der Verwaltungsangestellte rot ausgemalt, die Feiertags- und Wochenend-Kästchen grün. Die Arbeitstage zwischen den roten und den grünen Kästchen nahm er sich nacheinander vor. Jeden Abend kurz vor Dienstschluss durchkreuzte er den Kasten des nunmehr hinter ihm liegenden Bürotages mit einem schwarzen Filzstift. Die Kollegen, mit denen er sich das Großraumbüro teilte, beobachteten beifällig den feierabendlichen Kreuzzug. Und je näher der schwarze Filzer den grünen Feldern kam, desto fröhlicher sahen die Kollegen dabei aus.
Im Angesicht der grünen, roten und durchkreuzten Felder schwor ich mir: Niemals. Nie werde ich in einem Beruf arbeiten, in dem ich mich bloß auf den Feierabend, das Wochenende, den nächsten Urlaub freue. Nie werde ich in einem Büro vegetieren, Tage durchstreichen und mich dabei fühlen wie im Gefängnis – eingesperrt und ausgeliefert.
Frustriert von neun bis fünf. Das wollte ich nie werden. Das waren die anderen. Die Verwaltungsangestellten, der Klassenlehrer oder

die Frau an der Aldi-Kasse. Ich nahm mir vor, mich selbst zu verwirklichen. Dieser Vorsatz trieb mich und treibt wohl auch andere so weit, dass sich Zehntausende für ein Geschichtsstudium entscheiden, obgleich Historiker die Statistik arbeitsloser Akademiker mit großem Abstand anführen. Doch selbst die, die sich den Einstieg ins Berufsleben nicht planvoll erschweren, die also Einzelhandelskauffrau lernen, Jura, BWL, Elektrotechnik oder Informatik studieren, nehmen sich vor, Spaß am Job zu haben. Und dafür gerne länger zu arbeiten. Von neun bis sieben. Mindestens.
Solange wir studieren, bleibt uns Zeit, unsere Vorsätze zu pflegen. Derweil leben wir als Erwachsene auf Probe. Wir müssen uns krankenversichern, selbst einkaufen, selbst wecken und bestimmen selbst, ob und wann wir zur Uni gehen. Und wenn wir's nicht tun, ist das auch nicht so schlimm. Nach x Semestern haben wir uns an das Maximum an Freiheit und das Minimum an Pflichten gewöhnt. Das bestärkt uns noch in unseren Vorsätzen. Wir sind jetzt Mitte, Ende 20 und zerfallen in drei Gruppen.
Da sind die Entschlossenen. Solche wie Claudia. Die haben das Studentenleben einfach satt. Sie wollen das Gelernte anwenden, am Monatsende eigenes Geld auf dem Konto haben. Den Entschlossenen fällt der Einstieg ins Berufsleben leicht, obwohl die ersten Tage, die ersten Monate nicht frei von Irritationen sind. «Was ich an der Berufsakademie gelernt habe, kann ich im Job nicht gebrauchen», sagt Claudia. Und: «Im Studium habe ich um Leute, die ich blöd oder langweilig fand, einen Bogen gemacht. Jetzt muss ich mit denen zusammenarbeiten.» Das nagt an den Vorsätzen. Aber nicht so sehr, dass Claudia jetzt werden will wie die anderen.
Dann gibt's die Verweigerer. Solche wie Karin und Susa. Das sind die, die so lange wie möglich an der Uni bleiben. Sie haben alle Scheine zusammen, schieben die Anmeldung zum Examen aber immer wieder auf. «Das Examen ist eine Art von Initiation, ein Schritt aus der Kindheit in die Welt der Erwachsenen. Viele haben davor große Angst, weil sie sich für den Berufsalltag noch viel zu

jung fühlen», sagt Lutz. Er ist Uni-Psychologe und redet deshalb wie gedruckt. Die Verweigerer melden sich nicht freiwillig zur letzten Prüfung. Man zwingt sie. Bei Susa waren es die Eltern. Bei Karin die Umstände. «Alle zogen an mir vorbei. Irgendwann kannte ich kaum noch jemanden an der Uni, und es machte immer weniger Spaß, da hinzugehen», erzählt sie mir. Hartnäckige Verweigerer lassen sich davon nur insoweit unter Druck setzen, dass sie das Examen machen, aber gleich noch die Doktorarbeit dranhängen. Bis zum 30. Geburtstag kann man sich so dem Erwachsenenleben entziehen, ohne unangenehm aufzufallen. Viel länger nicht. Die Verweigerer jedenfalls starten mit einigen Schwierigkeiten in den Beruf. «An meinem ersten Tag als Lehrerin stand ich in der Klasse vor meinen Schülern und hab nur gedacht ‹O Gott – Hilfe!›», erinnert sich Susa. Der liebe Gott hat aber nicht geholfen, und Susa begreift bis heute nicht wirklich, wie sie 30 und verbeamtete Lehrerin werden konnte. Umso entschlossener hält sie an unser aller Vorsatz fest, nicht so zu werden wie die anderen.

Schließlich sind da noch die Getriebenen. Solche wie Mona und ich. Wir wussten, was wir werden wollten, und haben den Weg dorthin in Etappenziele aufgeteilt. Karriere nach Schlachtplan. So marschierten wir von der Zwischenprüfung zum ersten, zweiten, zehnten Praktikum, weiter zum Examen und über die letzte Zielgerade hinein in den Beruf. Darüber hinaus hatten wir nicht geplant. Wir waren wohl davon ausgegangen, dass wir nach dem Finish stehen bleiben und durchatmen könnten. Erst nachdem wir den Arbeitsvertrag unterschrieben hatten, erkannten wir, dass wir weitermarschieren mussten – von montags bis freitags bis zur Rente.

In den ersten Tagen im Beruf machte mich diese Erkenntnis ziemlich panisch. Ich fühlte mich gefangen wie der Verwaltungsangestellte im Büro des Schaltschrankbauers. Zum Glück legte sich das schnell, bevor das Verlangen, Arbeitstage abends abzustreichen,

übermächtig wurde. Wie die meisten 30-Jährigen bin ich auch noch zu jung, um meine Vorsätze fahren zu lassen. Das kommt erst mit 40, behaupten Entwicklungspsychologen.
Oder nie. Das hab ich mir geschworen. Und das schaff ich auch.

Ein Mann ruft nicht zurück

Mein erster Arbeitstag sollte ein stinknormaler Tag sein. Oder besser: An meinem ersten Arbeitstag wollte ich mich fühlen wie an einem stinknormalen Tag. Ohne diesen dramatischen Anstrich, den die Leute solch einem Datum ja gerne verpassen. Das nervt, finde ich, das ist so wehleidig. Nur leider: normal, das geht nicht, nicht bei mir jedenfalls.

Am Abend vor meinem ersten Arbeitstag rief meine Mutter an. Sie wolle mir bloß alles Gute wünschen, sagte sie, und ihre Stimme hatte wieder diesen Klang – so wie damals, als sie mir zum Abitur gratulierte und später, als sie mich ins Studium verabschiedete. Brüchig, sagt man dazu wohl. Sie weinte dann auch bald und schluchzte etwas von «Ernst des Lebens» und «großer Junge». Sie erzählte noch einmal die Geschichte, wie nach meiner Geburt der befreundete Arzt wie versprochen meinen Opa anrief, «ein Enkel» sagte, mich an den Hörer hielt und mit einem gezielten Schlag auf den Po zum Schreien brachte. Und dann sagte sie noch, dass ich morgen Abend mal anrufen solle, erzählen, wie's war.

Ich hatte gerade aufgelegt, durchgeatmet und meinen Kopf zum Lockermachen hin und her geschüttelt, als meine Oma anrief. Meine Oma ist sehr gefühlsselig und benutzt gern altmodische Wörter wie Redlichkeit, Fleiß und Frömmigkeit. Das tat sie auch an diesem Abend. Kurz bevor auch sie zu heulen anfing und schluchzte, dass der befreundete Arzt nach meiner Geburt meinen Opa angerufen habe, «ein Enkel» sagte, mich an den Hörer hielt und mit einem gezielten Schlag auf den Po zum Schreien brachte. Und ich solle morgen Abend mal anrufen, erzählen, wie's war.

Ich legte auf, packte Sandra und zerrte sie in die nächste Kneipe. Bloß weg, in die Normalität. Zu Leuten, die nicht wissen, dass ich morgen meinen ersten Tag habe. Als wir später zurückkamen, blinkte das Lämpchen des Anrufbeantworters. Freunde wünschten mir alles Gute und sagten, ich solle morgen mal anrufen, erzählen, wie's war.

Jetzt war ich so richtig schön unentspannt, und Schlafen ging dann auch nicht mehr. Die halbe Nacht musste ich daran denken, dass es ja jetzt losgeht mit Karriere und allem. Ich war aufgeregt. Mist. Engelchen und Teufelchen stritten sich über meinem Kopf. «Karriere. Ist das überhaupt was für dich? Willst du's nicht lieber langsamer angehen lassen?», fragte Engelchen. «Ja klar, noch langsamer! Bist ja erst 28», zischte Teufelchen und piesakte Engelchen mit seinem Dreizack. «Ich kenne Leute,», sagte Teufelchen, «die haben in den ersten Tagen im Job mit ihren Chefs ‹Zielvereinbarungsgespräche› geführt. Was wann wie fertig sein soll, wurde da geklärt. Dabei wussten die noch nicht mal genau, was sie jetzt eigentlich so machen jeden Tag. Das ist hart.» Aber Engelchen war auf meiner Seite: «Na ja, er hat in seinen letzten Semestern ohnehin schon immer gemacht, was er ab morgen für regelmäßiges Gehalt tun wird. Nichts Besonderes also, alles ganz normal eigentlich.» So schlief ich denn bald ein.

Am Morgen habe ich mit Sandra gefrühstückt. Das mache ich sonst nie. Die Vorzeichen für den Tag standen also auf besonders, das war nicht zu übersehen. Im Auto hörte ich «A Design for Life» von den Manic Street Preachers. Die Platte hat so was Erhebendes. Im Gegensatz zu meinem ersten Tag. Und dem zweiten. Und eigentlich den ganzen ersten Wochen.

Ich wusste gar nicht, wie viele Leute ich noch nicht kannte in dem Betrieb, in dem ich schon so lange nebenbei gearbeitet hatte. Tausend neue Namen, die ich mir nicht merken konnte. Während ich bisher meine Aufträge erledigt und mich dann vom Acker gemachte hatte, musste ich jetzt den ganzen Rest auch noch machen. Da riefen Leute an, die irgendwas von mir wollten, was ich nicht verstand. Ich schrieb alles auf, und wenn der Zettel voll war, machte ich bei Kollegen Sammelnachfragen, weil es mir zu doof war, wegen jeder Kleinigkeit auf der Matte zu stehen. Ich fühlte mich wie ein Praktikant, der nichts so recht auf die Reihe bekommt, dem man aber ungewöhnlich viel Verantwortung aufbürdet. Von Durch- oder Überblick keine Spur. Ich erledigte, was am drängendsten war, und hatte abends ein schlechtes Gewissen.

Morgens nach dem Aufstehen fühlte ich mich genau wie damals vor den Examensprüfungen. Jeder Tag ein Prüfungstag. Ich sehnte mich nach dem Unialltag zurück, nach Normalität, nach Selbstverständlichkeit. Morgens jedenfalls. Bei der Arbeit hatte ich dann wieder Schiss, die Kollegen anzusprechen, weil ich dachte, ich störe bestimmt. Acht, neun Stunden war ich zu Besuch in einer anderen Welt, bis ich nach Hause fuhr und in meinem Kopf nichts mehr vor sich ging. Kein messbarer Ausschlag, Nulllinie.

Marcus, der Jura studiert hat, um mal Insolvenzverwalter zu werden, hat diese Zeit kurz nach der Uni sehr schön ins Bild gebracht. Sein erstes eigenes Verfahren in der neuen Kanzlei: Ein türkischer Lebensmittelladen sollte abgewickelt werden. Die Inhaber mussten ihr Inventar innerhalb einer bestimmten Frist verscheuern, und Marcus passte auf, dass alles mit rechten Dingen zuging. Die Frist reichte aber nicht, und da musste Marcus auch am Wochenende ran. An einem Partywochenende, das war das Doofe. «Aber man ist ja Nutte in der ersten Zeit», sagte Marcus. Trotzdem wollte er sich die Abschlussfete seiner Referendarzeit nicht entgehen lassen. Den Tequila, den's dort gab, auch nicht. Vier Stunden nachdem er ins Bett gefallen war, stand er wieder im insolventen Laden. Da lagen vergammelte Zwiebeln rum, und aus der abgetauten Gefriertruhe roch's nach vergammeltem Fleisch, nach vergammeltem Hammelfleisch, um genau zu sein. «Leichengeruch», sagte Marcus. Das hielt er nicht aus. Er ist rausgerannt und hat vor den Laden gekotzt. «Das war das Ende meiner Studentenzeit», sagte Marcus, der sich gleich viel besser fühlte. Die Inhaber des abgewickelten Ladens haben heute eine Döner-Bude und begrüßen Marcus mit Handschlag.

Marcus sagt, er selbst würde sich als ehrgeizig beschreiben. Er könne jetzt endlich zeigen, was in ihm steckt. Sich einen Namen machen will er nämlich und die Dinge selbst in die Hand nehmen, dann läuft auch nichts mehr aus dem Ruder. Das klingt so bewusst, so imponierend.
Am Abend meines ersten Tages habe ich meine Freunde nicht zurückgerufen und meine Eltern auch nicht. Ich hab mir eine Pizza gekauft und ferngesehen. Was lief, weiß ich nicht mehr, nur dass irgendwann meine Nachbarin geklingelt hat, weil ich den Wohnungsschlüssel von außen hatte stecken lassen.
Nach ein paar Wochen wurde ich dann gelassener. Es lief. Ganz von allein. Ich kannte die Abläufe im Büro, wurde selbstbewusster. Aber es ist wahr, was ich mal bei Matthias Altenburg

gelesen habe: «Männer, so sagte mir eine kluge Freundin, Männer sind erst ab 30 überhaupt zurechnungsfähig. Dass sie vorher bereits Soldaten, Minister und Väter werden dürfen, ist ein Skandalon unserer Gesetzgebung, dessen Folgen bekannt sind.»

Eine Frau warnt vorm Schleudertrauma

Wenn ich mir jetzt selbst eine zulegen müsste, würde ich eine ganz Schlanke kaufen; eine, der man das Maul von oben, nicht von vorne stopft. Nun habe ich mir aber einen Mann zugelegt, der schon eine Waschmaschine hatte. Ein taktischer Fehler, meint Karin. Hätte ich nämlich meine Wäsche in den Waschsalon getragen, wäre die Auswahl an Männern größer gewesen. Weil man im Waschsalon die besten Typen kennen lernt. Sagt Karin, die Münzwäscherin, die immer noch Single ist.
Überhaupt kenne ich nur eine Frau, die an einem öffentlichen Waschautomaten eine Art Männerbekanntschaft gemacht hat: Mona. Die Maschine stand im Keller unseres Studentenwohnheims, der Mann vor dem Kellerfenster. Vier- oder fünfmal hat sie ihn dort angetroffen, allerdings ohne Schmutzwäsche. Die hatte er vorher heruntergelassen, damit Mona sah, was sie nicht zu sehen wünschte. Mona kommt aus Schweden, hat harte Winter und kurze Sommer voller Mücken überlebt, ist also nicht zimperlich. Dennoch zog sie es bald schon vor, dem Dödelschwinger aus dem Weg zu gehen und ihre Laken, Hosen, Hemden fürderhin privat zu kochen. Zunächst bei ihrer deutschen Tante, nach dem Umzug in einen geräumigen Altbau dann im eigenen Lavamat.
Wiewohl ich keine Männerbekanntschaften im Waschsalon gemacht habe, habe ich Erfahrungen mit Männern gemacht, die keine Waschmaschine besitzen. Und ich sage: Trau keinem um die 30, der (gebührenpflichtig) schleudern lässt.
Im schlimmsten Fall hat so ein Um-die-30-Mann keine Waschmaschine, weil er noch zu Hause wohnt. Und warum wohnt er noch zu Hause? Weil mit ihm was nicht stimmt; weil er Vollpension, Muttis Vollwäsche und deren Kinderbetreuung der zuweilen un-

bequemen Selbständigkeit vorzieht. Was willst du mit so einem? Für alles, was Spaß macht, ist er noch zu klein oder glaubt es doch, oder du kannst es mit ihm nur bei dir haben, lauten Sex zum Beispiel oder Spontan-Partys. Was den Nachteil hat, dass alles, was keinen Spaß macht, in deiner Wohnung und damit an dir hängen bleibt, beispielsweise das Bett frisch zu beziehen oder nach der Party die Küche zu putzen. Nervtötend auf Dauer.

Besser als der schlimmste Fall, aber noch bedenklich, ist der 30er-Mann, der keine Waschmaschine besitzt, weil ihn seine Nabelschnur noch immer mit seinem Elternhaus und der darin befindlichen Maschine verbindet, obgleich er eine eigene Wohnung hat. Was willst du mit so einem? An Wochenenden und Feiertagen hat er keine Zeit für dich; da schnürt er seinen Schlips- und Slips- und Stinkesockensack und fährt heim, zu Mama, Papa und der Miele. Zunächst darfst du nicht mitfahren und möchtest es vielleicht auch nicht, weil eure Beziehung noch zu offen, zu ungefestigt ist, als dass er dich seinen Eltern vorstellen wollte. Und wenn du es dann über die Elternhausschwelle gebracht hast, stellst du fest, dass du in seinem Leben immer die Zweitfrau bleiben wirst, die Frau hinter seiner Miele – 'tschuldigung, Mutter.

Im normalen schlimmen Fall hat der Um-die-30-Mann keine Waschmaschine – mehr. Er hat sich nämlich gerade von seiner langjährigen Freundin, vielleicht schon Frau, vielleicht schon Mutter seiner Kinder getrennt und ist aus der gemeinsamen Wohnung ausgezogen. Die Waschmaschine hat sie behalten. Was du mit ihm willst? Die Frage stellt sich hier nicht. Was du brauchst, ist entscheidend. Zeit brauchst du. Und Zuversicht. Um die ewigen Monate durchzustehen, in denen du darauf hoffst, dass die nunmehr alleinige Besitzerin seiner Waschmaschine, die bisher wichtigste Frau in seinem um 30-jährigen Leben, endlich sein zerknittertes, schmutzig nasses, weil blutendes Herz freigibt. Damit du es waschen, trocknen und zärtlichst aufbügeln kannst.

Du suchst einen, der sehr wohl in der Lage ist, seiner Liebe zu dir in

großzügigen Schenkungen Ausdruck zu verleihen? Dann ist dies dein Schleudertrauma: der Um-die-30-Mann, der keine Waschmaschine hat, weil er es zu nichts gebracht und darum eine Wohnung hat, die so klein ist, dass keine Maschine, auch keine schlanke, hineinpasst. Was willst du mit so einem? Eben. Such weiter.
Bleiben noch zwei Typen aus der Um-30-und-ohne-Wäschetrommel-Typologie, beide nicht zu empfehlen. Der eine hat keine, weil er superbequem ist und nur darauf wartet, dass eine fremde Frau Mutterstelle an ihm vertritt. Der andere schafft's ohne, weil er rastlos, ein Nomade ist. Er weiß nicht, wo er morgen den Kragenspeck aus seinen Oberhemden spülen wird; er weiß nicht einmal, ob man dort, wo er morgen sein wird, überhaupt Oberhemden trägt. Erfahrungsgemäß lässt sich ein solcher Mann nicht von schmutziger Wäsche und gleich gar nicht von einer Frau zur Sesshaftigkeit nötigen. Er bleibt, wo er ist: immer auf dem Sprung. Und du? Auf verlorenem Posten.
Lass es, sag ich dir. Verschleuder nicht dein Herz an einen, der noch mit 30 schleudern lässt. Meinem eigenen Rat folgend, habe ich einen genommen, der schon eine hatte, dazu noch meinen Schleudertraum: so eine ganz Schlanke, der man das Maul von oben stopft. Dass ich selbst, wiewohl 30, noch nie eine eigene besaß, hat nichts zu bedeuten.
Wenigstens hat er es nicht gewusst.

Ein Mann befreit seine Eltern und entdeckt die Alltagsromantik

Kurz nachdem wir zusammengezogen waren, kam eine Waschmaschine ins Haus. Ein Waschautomat. Von AEG. Öko Lavamat, update, Champions Line L. Ein Name wie ein Gedicht. Bundesliga. Champions League. Gäbe es ein Quartettspiel mit Waschmaschinen, wäre sie der Trumpf, würde alle anderen ausstechen. Keiner von diesen Bauknechten könnte ihr das Wasser reichen. Denn sie ist der Ferrari unter den Waschmaschinen. Sie ist Real Madrid. Ist Zinedine Zidane. Sie gibt nur Heimspiele. Ich bin ihr Fan.

Bis vor kurzem war Waschen für mich ein Auswärtsspiel. Ich sammelte meine Wäsche, bis es sich lohnte, meine Eltern zu besuchen. Am Bahnhof stand ich mit schweren Taschen über der Schulter. Jeder sah: Ich wollte zu meinen Eltern. Wäsche waschen. Schmutzige Wäsche waschen. Ich war ein Zu-Hause-Wascher. Ein Zu-Hause-waschen-Lasser. Ein Kind. Jetzt bin ich groß, weil ich selbst wasche. Waschen ist Freisein. Ich bin erwachsen. Ich wasche selbst. Und ich habe meine Eltern befreit. Wenn du eine Waschmaschine hast, bist du angekommen im selbständigen Leben. Meine Ankunft, das gebe ich zu, wurde durchs Zusammenziehen beschleunigt. Vermutlich, auch das gebe ich zu, wäre ich ohne das Zusammenziehen gar nicht erst losgegangen in Richtung Selbständigkeit. Ich hatte nie daran gedacht, dass man woanders waschen lassen könnte als bei den Eltern. Nicht aus Bequemlicheit. Das war einfach so. Ich kannte das nicht anders.

Aber als wir zusammengezogen waren, sollte eine Waschmaschine her. Musste her. Ich lernte, dass man nach Möglichkeit/unbedingt/in jedem Fall eine neue Waschmaschine benötige. Ich erfuhr, dass es eklig sei, in gebrauchten Waschmaschinen zu waschen. «Denk mal daran, wer darin schon seine Unterhosen gewaschen haben könnte», hieß es. Ich dachte an ein paar Leute, die ich nicht mag. Ich wollte auch eine neue Waschmaschine.

Für ein Paar, das eben erst zusammengezogen ist, bietet eine Waschmaschine die ungeahnte Möglichkeit, sich seine Verbundenheit zu beweisen.

Ihr seid euch einig. Ihr wascht Unterwäsche zusammen. Wenn das kein Liebesbeweis ist. Ihr wascht und beweist einander eure Zuneigung.

«Es gibt nicht viele Menschen auf der Welt, mit denen ich meine Unterwäsche waschen möchte», sagst du.

«Spinner!», sagt sie.

Und du weißt, dass es ihr gefällt.

Wer eine Waschmaschine für spießig hält, ist selbst ein Spießer, denn er erkennt die Romantik des Alltags nicht. Den frischen Duft, der die Wohnung erfüllt, wenn du aus dem Abgasdunst der Großstadt heimkehrst. Die schwer behängte Wäschespinne, die ein bisschen verschämt im Wohnzimmer steht und der

Wohnung so einen Hauch von sozialem Brennpunkt gibt. Du erinnerst dich an eure Reise nach Paris. Und an die Vororte der Stadt der Liebe, wo die Menschen ihre Wäsche aus den Fenstern zehnstöckiger Wohnsilos zum Trocknen gehängt haben.
«Mit dir ist jeder Tag ein Tag in Paris», sagst du.
«Spinner!», sagt sie.
Und du weißt, dass es ihr gefällt.
Als wir die Waschmaschine neu hatten, bin ich im Supermarkt in Regionen vorgestoßen, die ich zuvor nicht gekannt hatte. Regionen, aus denen ich bislang nur Hausfrauen, mehrfache Mütter und Angestellte von Wäschereien hatte kommen sehen. Dort riecht es chemisch. Der Geruch kitzelt in der Nase. Es sind die Regionen, in denen Waschpulver, Weichspüler, Entkalker, Tabs und all die andern Sachen lagern, die ich so zum Waschen brauche. Da stehe ich jetzt häufiger und denke, eine Waschmaschine erweitert den Horizont.
Wer eine Waschmaschine hat, spart das Geld für Blumen. Weil er auf andere, viel diffizilere Art, seine Zuneigung auszudrücken vermag. Heimlich, ganz still und unbemerkt, nimmst du die trockene Wäsche von der Leine. Du faltest die Wäsche schrankfertig, deine wie ihre, und legst ihren Stapel auf ihre Bettseite.
Wenn man zusammenzieht, ist eine Waschmaschine die Nummer eins unter den fünf Dingen, die der Verbindung einen seriösen Unterbau geben. Erst mal, weil sie eine nicht gerade kleine Investition ist und man nun etwas Großes gemeinsam besitzt. Außerdem, weil sie einen zwangsläufig immer wieder zusammenführt. Und schließlich, weil man sich so etwas nicht kauft, wenn man bei der nächsten Weihnachtsfeier im Betrieb mit einer anderen unter dem Tisch knutschen will.
Der Vollständigkeit halber seien an dieser Stelle auch die Nummer zwei bis fünf der Dinge genannt, die die Beziehung eines eben zusammengezogenen Paares noch seriöser machen.

2. Anrufbeantworter-Text.
Wenn es nicht mehr nur heißt: «Dies ist die Anrufbeantworterin von Karin. Bitte hinterlassen Sie mir eine Nachricht, ich sage sie dann meiner Besitzerin weiter», sondern: «Hallo, Karin und Christoph sind gerade nicht zu Hause. Aber hinterlasst einfach eine Nachricht», ist die Wirkung gleich viel gelassener.
3. Bett.
Mit Bett ist hier ausschließlich so eines gemeint, das sich das Paar aus gemeinsamer Tasche neu gekauft hat. Es muss also unbedingt ein Bett sein, das nicht die Liebesbiographie des einen der beiden erzählen könnte. Es kommt nur auf Platz drei, weil es so intim und für andere im Normalfall nicht sichtbar ist. Damit kommt ihm nicht der Wert eines öffentlichen Liebesbekenntnisses zu, wie noch dem gemeinsam besprochenen Anrufbeantworter.
4. Bankkonto.
Wer zu zweit ein Konto eröffnet, von dem Ausgaben wie Miete, Strom, Telefon und der gemeinsame Sommerurlaub abgebucht werden, untermauert die Zukunftsfähigkeit seiner Beziehung. Er stellt das zarte zwischenmenschliche Bündnis auf tragfähige Füße. Realität ist für diese zwei kein Fremdwort. Deshalb bieten sie ihr die Stirn und sichern sich ab. Nur Platz vier, weil Geld so unromantisch ist.
5. Möbel.
Möbel sind Ballast, und wer so mutig ist, sie sich gemeinsam anzuschaffen, meint es ernst. Er will bleiben, wo er ist. Bei wem er ist. Die meisten Möbel kann man im Falle einer Trennung nicht teilen. Aber daran denken diese beiden auch nicht. Sehr schön.
Eine Waschmaschine kann also etwas sehr Romantisches sein. Jedenfalls für ein Paar. Wie Männer auf Frauen wirken, die alleine leben und dennoch eine Waschmaschine be-

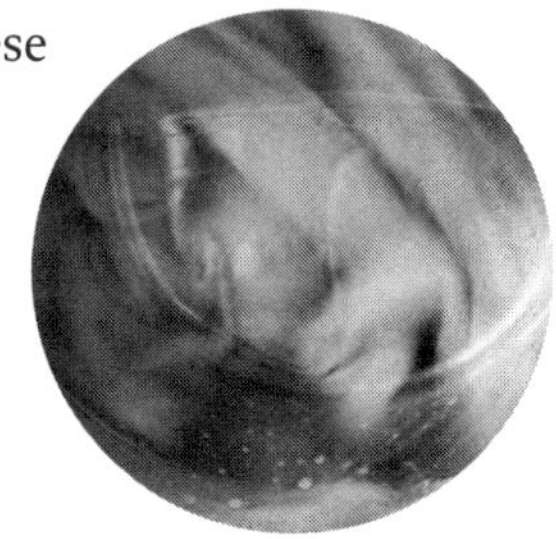

sitzen, weiß ich nicht. Ob sie als Hagestolz gelten, als ewige Junggesellen, schrullig und langweilig? Oder ob sie die Waschmaschine erst so richtig interessant macht, weil das so etwas Selbständiges hat?
Keine Ahnung, meine allein lebenden Freunde haben alle keine Waschmaschine. Aber Eltern.

Eine Frau schläft, wacht auf und stimmt zu

Mein schlechtes Gewissen heißt wie die Frau, die den Käse aus Holland bringt, und schreibt Briefe, von denen ich hoffe, sie würden verloren gehen auf dem Postweg. Sie gehen nicht verloren. Vor zwei Wochen bekam ich wieder einen. Gestern machte ich ihn auf.

> «Liebe Kathrin Lenzer,
> das Düsseldorfer ai-Bezirksbüro in der Neusser Straße wird von den Gruppenmitgliedern des Düsseldorfer Bezirks betreut. Jede Gruppe macht etwa zwei bis drei Mal im Jahr für eine Woche den Bürodienst. Eine besondere Qualifikation (PC-Kenntnisse o. Ä.) ist nicht notwendig. Etwa 18 Gruppen sind am Bürodienst beteiligt, trotzdem haben wir manchmal Engpässe, zum Beispiel wegen Urlaubszeiten. Wir würden uns freuen, wenn Sie als Einzelmitglied an einer Mitarbeit während des Bürodienstes interessiert sind. Das ist auch eine gute Gelegenheit für Sie, ohne viel Zeitaufwand die ai-Arbeit näher kennen zu lernen. Mit diesem Brief erhalten Sie einen Plan, in den Sie Termine Ihrer Wahl eintragen können.
> Über zahlreiche Rücksendungen freuen wir uns.
> Herzliche Grüße»

Lange, sehr lange schaute ich auf das Schreiben. Darüber ging die Sonne unter, der Mond auf und die Straßenlaterne vor meinem Fenster an. Ich war müde, zu müde, um ins Bett zu gehen. So blieb ich sitzen am Schreibtisch, den Kopf in die Hände gestützt, und das Licht der Laterne hockte sich auf die Schreibtischplatte, auf den Brief, der da immer noch lag, und nun erst bemerkte ich, dass

Antje von Amnesty, Ortsgruppe Düsseldorf, viel mehr geschrieben hatte.

«Liebe Kathrin Lenzer,

ich nenne dich «Liebe», weil ich ein höflicher Mensch bin. Du hingegen bist unhöflich. Nie hast du einen meiner Briefe beantwortet. War das schon zu viel verlangt?

Das Düsseldorfer Bezirksbüro in der Neusser Straße

In all den Jahren deiner Mitgliedschaft bei amnesty international hast du dich nie bei uns sehen lassen, hast sicher nicht mal einen Schimmer, dass wir ein Bezirksbüro haben und wo es liegt. Jetzt weißt du es. ‹Ich hatte keine Ahnung, wo ich euch finde› – das zieht nicht mehr.

wird von den Gruppenmitgliedern des Düsseldorfer Bezirks betreut.

Du kennst keinen der Leute, die sich bei uns engagieren, keinen außer Franka Potente, und von ihr weißt du das nur, weil sie in Kinospots für uns Werbung macht. Das heißt, vielleicht kennst du ja doch einen und weißt es bloß nicht, weil du nicht darüber sprichst, weil soziales Engagement offensichtlich kein Thema ist für dich und deinesgleichen. Du glaubst nicht an Horoskope. Und doch fragst du einen Bekannten eher danach, in welchem Sternzeichen er geboren ist, als danach, welchem Verein er angehört. Du weißt, wie die Vorgesetzten deiner Freundinnen heißen, welche unter ihrer Nase leidet und welche weinte, als Lady Di starb; du weißt nicht, wofür sie sich einsetzen. Oder Philipp. Du arbeitest zusammen mit diesem Mann, erklärst, er sei dein bester Kumpel, weißt, welches Buch er gerade liest und wie lange er um Sandra warb. Aber hast du je-

mals mit ihm über uns gesprochen, über amnesty? Eben. Und du, gerade du empörst dich immer, wenn wieder wer die um Dreißigjährigen als Herren und Diener der Spaßgesellschaft identifiziert, sie als «Identitätsclowns» und «Haltungssimulanten» beschimpft, die meinten, sie hätten's aber ach so schwer: nichts, wofür es sich entschieden zu kämpfen lohnte. Ich tu was – anders als die alten Säcke, die das von der Spaßgesellschaft schreiben. Die kriegen selber den Hintern nicht hoch und sind bloß neidisch, weil sie 50 sind und das Leben jetzt anderswo spielt.

> Jede Gruppe macht etwa zwei bis drei Mal im Jahr für eine Woche den Bürodienst. Eine besondere Qualifikation (PC-Kenntnisse o. Ä.) ist nicht notwendig.

Aber eine besondere Haltung. Wer bei uns oder sagen wir: im Tierschutzverein, in der 3.-Welt-Gruppe, bei ‹Reporter ohne Grenzen›, im Kirchenkreis mitarbeitet, betrachtet die Welt, sich selbst, sein kleines Leben aus einer anderen, weiteren Perspektive, die für ethisches Handeln kennzeichnend ist: Er stellt sich – in Henry Sidgwicks Worten – ‹auf den Standpunkt des Universums›. Aus dieser Perspektive sieht er, dass seine Freuden und Leiden denen anderer sehr ähnlich sind und dass es keinen Grund gibt, die Leiden anderer weniger zu berücksichtigen, bloß weil sie «andere» sind. Und er handelt nach dem, was er sieht. Du aber betrachtest die Welt durch ein Fernglas. Nur hältst du das Fernglas falsch herum.

> Etwa 18 Gruppen sind am Bürodienst beteiligt, trotzdem haben wir manchmal Engpässe, zum Beispiel wegen Urlaubszeiten.

Du siehst, unsere Leute fahren in den Urlaub. Sich engagieren heißt nämlich nicht, sich aufzuopfern. Das verlangt keiner von dir. Es reicht, hin und wieder ein wenig anzupacken.

Wir würden uns freuen, wenn Sie als Einzelmitglied an einer Mitarbeit während des Bürodienstes interessiert sind. Das ist auch eine gute Gelegenheit für Sie, ohne viel Zeitaufwand die ai-Arbeit näher kennen zu lernen.

Sag nicht, du hast keine Zeit. Keiner von uns hat Zeit. Oder glaubst du etwa, alle amnesty-Aktivisten, alle Attac-Bewegten oder Greenpeace-Kämpfer wären arbeitslose Erben? Na eben. Geh halt einmal weniger ins Theater, einmal weniger ins Kino, einmal früher aus dem Büro. Nimm dir die Zeit, jenen zu helfen, die tatsächlich keine Zeit haben – weil sie morgen schon tot sein können oder hoffnungslos.

Mit diesem Brief erhalten Sie einen Plan, in den Sie Termine Ihrer Wahl eintragen können. Über zahlreiche Rücksendungen freuen wir uns.

Worauf wartest du noch? Du bist jetzt 30 Jahre. In dem Alter solltest du dein kleines Leben im Griff haben. Allein die Tatsache deiner Existenz in der Welt erlegt dir Verantwortung auf – auch für andere. Nimm sie an. Werd erwachsen. Und guck nicht so dusselig; dir könnte weiß Gott Schlimmeres passieren.

Herzliche Grüße

Melde dich!»
Die Sonne war auf-, der Mond unter- und die Straßenlaterne vor meinem Fenster ausgegangen. Ich hing am Schreibtisch, den Kopf auf der Platte, auf dem Schreiben, das da immer noch lag. Der Nacken tat mir weh.
Ich wischte mir den Schlaf aus den Augen, schüttelte meine Knochen aus und schrieb Antje einen Brief.
«Du hast Recht», schrieb ich. Nichts weiter.

Ein Mann spendiert eine Runde Autoaussaugen

Uwes Karre sah auch an diesem Tag aus wie Sau. Uwes Karre sah überhaupt immer schon aus wie Sau, und so wird es immer sein. Uwe bekommt das mit dem Auto-in-Schuss-Halten einfach nicht hin, da kann man machen, was man will.

Wir wollten essen gehen, Uwe sollte mich abholen. Er war noch nie in dem Lokal, also musste ich ihn durch die Stadt lotsen.

«Deine Karre sieht wieder aus wie Sau», sagte ich, während Uwe Angelhaken, in der Plastikdose längst verendete Köderwürmer, einen alten Arbeitsschuh mit reingeknüllter Socke, Zellophanpapier, nicht mehr gültige Totoscheine, Pfandbons aus dem Getränkemarkt, die Anglerzeitung, Kontoauszüge und leere Zigarettenschachteln vom Beifahrersitz räumte.

«Ich weiß», sagte Uwe. Er zeigte auf die Fußmatte vor dem Beifahrersitz und sagte, ich solle vorsichtig sein, ihm sei Cola ausgelaufen, «ist ein bisschen klebrig.»

«Warum räumst du nie auf?»

«Mann, sag mir lieber, wo ich lang fahren soll.»

«Nächste rechts, erst mal immer geradeaus.»

«Nee, mach das Fenster lieber nicht auf, ich muss erst noch den Aschenbecher rausbringen. Das weht hier sonst alles rum.»

«Gleich wieder rechts.»

Es war Sommer und sehr heiß. Ich schwitzte. Uwe rauchte. Ich klebte.

«Das ist ja weit.»

«Immer geradeaus.»

«Hier sind wir doch niemals richtig.»

«Ich kenn mich aus. Weiter geradeaus.»

«Guck lieber nochmal auf den Stadtplan.»

«Brauch ich nicht, am Ende der Straße musst du links rein.»

«Das ist eine Tankstelle. Willst du nach dem Weg fragen, oder wie?»
«Nein.»
Ich lotste Uwe in eine der Boxen, in denen man sein Auto waschen kann.
Wir sammelten den Müll aus Uwes Auto, entsorgten ihn in die Abfalltonnen. Wir schlugen die Fußmatten gegen die dafür in der Box angebrachten Eisenroste. Wir saugten auf meine Kosten den Innenraum von Uwes Auto aus. Wir fühlten uns irgendwie gut.
Zehn Minuten später fuhren wir weiter.
«So, direkter Weg jetzt», sagte ich.
Sich zu engagieren macht verdammt hungrig.

ÜBERMORGEN

Eine Frau ist eine Giraffe, die durchhängt

Wenn es montags regnet, denk ich an meine Karriere, scheint die Sonne, an Karin.

Wenn die Sonne scheint, sitzt Karin schon am Vormittag beim Portugiesen im Hamburger Schanzenviertel vor der Tür auf der Bank, trinkt portugiesischen Kaffee aus einem großen weißen Becher und lässt sich die Nase mit putzigen Sommersprossen sprenkeln. Solange sie Lust hat. Ich sitz im Büro. Am Mittag wechselt Karin zum Imbiss-Thailänder, isst dort eine Kleinigkeit, trifft sich mit Freunden, geht vielleicht Einkaufen. Wenn sie Lust dazu hat. Ich sitz im Büro.

Später leiht sich Karin spanischsprachige Spielfilme in der Videothek um die Ecke aus, mal mit, mal ohne deutsche Untertitel. Wie sie gerade Lust hat. Ich sitz im Büro. Mit den Filmen geht Karin dann ins Bett, schaut bis tief in die Nacht «Atáme» (Fessel mich!) und «Habla con ella» (Sprich mit ihr), lernt – wenn sie Lust hat – noch ein paar spanische Vokabeln – und schläft ein. Ich bin dann aus dem Büro gekommen, schlafe auch ein und träum, ich säß im Büro.

Ich sitz im Büro, Karin lebt. Nach dem Lustprinzip. Das war schon so, als wir noch gemeinsam ins Büro gingen, das damals Schule hieß. Wenn Karin keine Lust hatte, sich dort den Tag um die Ohren zu hauen, schrieb Karins Mutter Karin eine Entschuldigung. «Karin hat starke Kopfschmerzen.» Oder so. Meine Mutter tat das nie, wenn ich an Unlust litt. «Man darf Kindern nicht alle Hürden aus dem Weg räumen», sagte sie. Und: «Es gibt Regeln, die gelten für alle. Kinder müssen das lernen.» In solchen (und nur in solchen) Momenten beschimpfte ich mein Schicksal, das mich der falschen Mutter hatte aus dem Bauch kullern lassen. Vor allem dann, wenn Lateinarbeiten anstanden. Mindestens einmal pro Schulhalbjahr schrieb Karin eine Lateinarbeit nicht mit, weil sie keine Lust hatte. Ich hatte nicht nur keine Lust. Ich hatte fürchterliche Angst. Für meine Mutter keine Entschuldigung. «Hättest du mal mehr gelernt», sagte sie. Einmal verbrachte ich die halbe Nacht mit nacktem Bauch auf den kalten Steinfliesen in unserem Flur liegend, frierend und hoffend, am nächsten Tag krank genug zu sein, um zu Hause bleiben und so der Lateinarbeit entgehen zu können. Ergebnis: Ich schrieb die Lateinarbeit total übermüdet und Karins Mutter – eine Entschuldigung: «Karin hatte Grippe.» Am Wochenende hatte ich dann tatsächlich Grippe (die kalten Fliesen) und musste im Bett bleiben. Natürlich schien die Sonne.

Nach dem Abitur wollte ich ins Ausland gehen und dort überlegen, wo's denn hingehen soll mit mir im Leben. Mein Vater aber meinte, das könnte ich auch an der Uni überdenken. «Du solltest keine Zeit verlieren. Das macht bei Arbeitgebern später mal einen schlechten Eindruck, so ein Loch im Lebenslauf.» Er riet mir zu Jura («das schadet nie»), und ich schrieb mich in Hamburg ein. Derweil tourte Karin mit einigen Freunden durch Europa und Asien. Was spätere Arbeitgeber davon halten würden, kümmerte sie nicht. Und ihre Eltern offenbar auch nicht. Thailand gefiel Karin besonders gut. Kaum zu Haus, reiste sie wieder dorthin, auf eine Insel, die Pipi hieß. Pipi. Macht sich auch nicht gut im Lebenslauf, dachte ich. Neidisch. Denn während Karin auf Pipi machte, wozu sie Lust hatte (Tauchen lernen, Thai lernen, einen Thai lieben), ackerte ich mich durch absurde Schicksale Unbekannter und ärgerte mich über meine hanseatischen Kommilitonen, die sich schon im ersten Semester mit «Herr Kollege» und «Frau Kollegin» ansprachen, Barbour-Jacken und handgenähte Schuhe Modell «Budapest» respektive Pumps trugen und mich übersahen. Vermutlich weil ich Turnschuhe anzog und deshalb immer noch kürzer war als die kleinste der Stöckelschuh-Miezen. «Scheiß Karriereplanung», dachte ich da, glaube ich, zum ersten Mal.

Karin und ich, wir sind vollkommen unterschiedlich sozialisiert. Ich innerhalb, sie außerhalb des Karrieresystems. Karin hat nie irgendetwas sein oder werden oder müssen wollen, bloß glücklich. Sie hat nie darauf geachtet, dass mögliche Chefs später einmal in ihrem Lebenslauf einen Entwicklungsfaden erkennen würden, der sich straff vom Abitur bis zum Berufseinstieg spannt. Einen Faden, an dem sich weiterhangeln ließe bis in den abgesicherten Ruhestand. Karin hat bloß Wäscheleinen gespannt, von der Bambushütte, in der sie auf Pipi nächtigte, bis zur Kokospalme gleich nebenan. Sie hat nie daran gedacht, das, worauf sie Lust hat, an dem, was Erfolg verspricht, zu messen und es gegebenenfalls zu verwerfen. Und: Karin hat sich nie beeilt. Ich schon. Weil man sich deutlich vor dem 30. Geburtstag auf den Arbeitsmarkt werfen muss. Weil man mit 30 schon fest im Sattel sitzen muss. Weil sich mit 35 schon entschieden hat, wo man landen wird – in der Beletage oder bloß im Keller des Erfolgs. Hat mein Vater gesagt, die Berufsberaterin und mein Bruder auch. Wären wir Tiere, ich und Karin, ich ging als Giraffe durchs Leben. Eine sprintende Giraffe mit gesenktem Hals. Den Kopf schon im Übermorgen, der Bauch hetzt hinterher. Karin wär, ich weiß nicht was, irgendein lustiges Tierchen mit jedenfalls extrem kurzem Hals. Hirn und Herz immer gleichauf im Jetzt. «Warum soll ich für Übermorgen planen», sagt Karin, «morgen kann ich schon tot sein.» Darf man so denken?

«Erfolg ist ein Abfallprodukt von Arbeit, die Spaß macht», sagt Maybrit Illner, Moderatorin beim ZDF. Ein Satz, der wohl das Leitmotiv all jener ist, die sich wie ich nicht trauen, ihren Spaß außerhalb des Karrieresystems zu suchen. Was Illner nicht sagt: Um den Job zu bekommen, der dir Spaß macht, musst du vorher eine ganze Menge tun, was nicht nur und manchmal überhaupt keinen Spaß macht. Als ich wusste, was ich werden wollte, Journalistin nämlich, erlaubte ich mir immerhin, das freudlose Jurastudium aufzugeben und mich in Geschichte einzuschreiben. Gestandene Redakteure hatten mir erzählt, es sei egal, was man studiere; Hauptsache, man arbeite ziemlich viel nebenbei, bei Zeitungen, Rundfunk und Fernsehen. Praxiserfahrung sammeln. Das tat ich dann. Auch in den Ferien. Jaja, war schön, hat sich ja auch gelohnt, keine Frage. Bloß hätt ich zuweilen Lust gehabt, einfach nur abzuhängen an den Stränden dieser Welt. Ging aber nicht, weil ich Angst hatte, darüber zu alt zu werden. Und weil er sich damals meldete und sich von nun an stets in alles reinhängte: der Ehrgeiz. Der Giraffen-Ehrgeiz. Nix abhängen, sagte der.
Die Stationen meines Lebens, so sah es mein Ehrgeiz, und der Karriereberater auch, waren Perlen, die ich auffädelte auf eine Kette. Diese Karriere-Perlenkette würde ich dann später beim Bewerbungsgespräch um den Hals tragen. Derweil holte Karin echte Perlen vom Meeresgrund. Erst auf Pipi, dann auf den Seychellen, wo sie – nunmehr Tauchlehrerin – für ein Luxushotel arbeitete. Bis sie keine Lust mehr hatte. Da flog sie auf die kleinen Antillen, nach St. Lucia, wo sie sich ebenfalls als Tauchlehrerin verdingte, kurz drauf einen Reitstall eröffnete und bald wieder schloss, schließlich bei einer Fernsehproduktion einstieg und Schauspielerinnen unter der Wasserlinie doubelte, in einem Remake vom «Weißen Hai» zum Beispiel. Manchmal schrieb sie mir Postkarten, die stets Urlaubsidyllen zeigten: eiweiße Sandstrände gesäumt von Palmen, daran Hängematten, traumverloren schaukelnd fotografiert. Irgendwann in diesen Jahren hatte ich angefangen, im Büro

zu sitzen. Und manchmal, in den Atempausen, dachte ich an Karin und fragte mich, wie die Luft schmeckte an diesen eiweißen Sandstränden.
Karin taucht nicht mehr. Derzeit lebt sie in Hamburg und arbeitet als Kamera-Assistentin. Viermal fünf Wochen im Jahr dreht sie mit ihrem Kameramann einen Spielfilm irgendwo in Deutschland. Den Rest des Jahres reist sie durch die Welt oder lernt Sprachen, um noch besser durch die Welt zu kommen, zurzeit ist es Spanisch. Karin ist jetzt 31 und lebt immer noch von der Hand in den Mund. Das wird sich nie ändern, selbst wenn sie es wollte. Ich weiß, dass ich sie nicht beneiden sollte. Das gelingt mir zumeist. Vor allem, wenn es regnet. Ich sitz dann warm und trocken in der Redaktion, und weil sich Regenwolken sehr tief hängen lassen, versperren sie mir den Anblick der tristen Zweckbauten und Plakatwände im Gewerbegebiet vor meinem Fenster. Ich habe ein Namensschild an meiner Bürotür, ein geregeltes Einkommen, Urlaubsgeld, Weihnachtsgeld, nette Kollegen, den Job, den ich mir erträumt, für den ich geplant und Lebensperlen gefädelt habe. Doch jetzt, nachdem die ersten Berufsjahre hinter mir liegen, nachdem ich nicht mehr fürchte, an meinen Aufgaben zu scheitern, als Hochstaplerin enttarnt und gefeuert zu werden, nachdem also die Anspannung etwas nachgelassen hat, hängt mein Giraffenhals ein wenig durch, droht mein Herz mein Hirn einzuholen.
Mir fällt auf, wie viel Zeit die Arbeit frisst. Und wie viele Gedanken. Wenn ich abends nach Hause komme, hab ich meinen Kopf oft im Büro liegen lassen – zu weit weg, um ihn abzuschalten. Mir fällt auf, dass da so viele Dinge sind, die ich während meines Studiums hätte tun können, damals aber nicht tat, weil ich dachte, ich hätte keine Zeit dazu, und die ich heute gerne tun würde, aber nicht tun kann, weil ich tatsächlich keine Zeit dafür habe. Oder weil die Zeit dafür vorbei ist. Oder weil ich denke, dass die Zeit dafür vorbei sei. Die der Freiheit zum Beispiel, die der Verantwortungslosigkeit, die des zufriedenen Durchhängenlassens. In Rom

hätte ich gerne mal gelebt, auf Hallig Hooge, als Gärtnerin der Königin in Kensington. «Du bist 30, verdammt; es gibt noch immer ein Zurück», sagt Karin, «tu's doch!» Total meschugge macht sie mich damit. Ich seh den Cartoon vor mir, der mal in der Schülerzeitung war: Eine dicke, aufrecht gehende Sau hält die Tür zum Schweinestall auf und grunzt die Säue an, die sich da ins Dunkle ducken. «Wenn ihr Angst vor der Freiheit habt», raunzt die Sau, «dann bleibt doch im Stall und lasst euch verwursten!»
Ich frage mich: Willst du so weitermachen bis ans Ende deiner Erwerbstüchtigkeitstage? Sage mir: Das kann's doch nicht gewesen sein. Frage mich: Was soll noch kommen? Wer bist du, was ist dir wichtig im Leben? Sage mir: In Zeiten wie diesen, in der die New Economy beerdigt ist, die alte auch schon auf dem Speckbauch liegt, heißt Karriere, dass du den Job, den du hast, auch behältst. Also streng dich an, damit du dich nicht morgen – zusammen mit all den anderen hoch qualifzierten 30-Jährigen – in einer Umschulungsmaßnahme vom Arbeitsamt wiederfindest.
Ich denk an Karin, die nicht jede Woche fünf, sechs Tage malocht. Weil sie Recht hat. Weil nicht mal die Renten sicher sind. Weil man morgen schon tot sein kann. Wozu also anstrengen, warum das lustvolle Leben auf den Samstag nach der Hausarbeit, die Nächte und die 32 Tage mit Goldrand beschränken, die dir als Jahresurlaub zustehen? «Irgendwann fragt man sich das nicht mehr», sagt meine Schwester, die schon zehn mal 365 Tage länger in der Mühle steckt. «Man findet sich ab.»
Offensichtlich nicht. Wenigstens nicht alle. Wenigstens viele Amerikanerinnen nicht. In den USA ist sie nämlich so verbreitet, dass man sie in den Rang einer Volkskrankheit erhoben und ihr einen Namen gegeben hat: «Quarterlife Crisis», die Sinnkrise, die Amerikanerinnen um die 25 erwischt. Professionelle Seelenausleuchter sehen die Crisis unaufhaltsam wie Cola Light über den Teich schwappen – wo sie mit einiger Verspätung anlandet. Denn weil bei uns Ausbildung und Studium länger dauern als in den

USA, packt sie hier die 30-Jährigen. Und davon immer mehr. Schreibt die «Freundin» in ihrer fünfseitigen Betroffenheitsreportage «Große Krise schon mit 30». Und: «Viele überwinden das Tief, indem sie ausbrechen, indem sie die Krise als Chance für einen Neuanfang oder eine Auszeit nutzen – oder sich neue Ziele stecken.»

Ich fahr zur Arbeit. Es regnet. Im Gewerbegebiet hat der Sportartikler «Nike» die Großflächenplakate erobert. Ich lese: «Just do it!».

Yes! Ich mach's: Karriere!

Ein Mann will auch ins Forsthaus Falkenau

Im Forsthaus Falkenau ist alles so einfach und schön. ZDF-Förster Rombach hat eine vorzeigbare Frau und ein Forsthaus voller eigener und angenommener Kinder. Er hat rüstige Eltern, die den Sack Kinder hüten, wenn Försters mal ins Dorf müssen oder allein Eierlikör trinken wollen. Nur manchmal gibt's Probleme, weil eines der Kinder in der Pubertät ist und deshalb Liebeskummer hat. Oder eine Zahnspange kriegt. Ab und an hat auch mal einer der allesamt unheimlich loyalen und weichherzigen Waldarbeiter Stress und heult sich im Forsthaus aus. Aber der Martin Rombach bekommt das wieder hin. Und am Ende liegt er mit seiner Förstersfrau in frisch gestärkter Bettwäsche und muss über all das schmunzeln, weil er so zufrieden ist und voller Gottvertrauen. Der Martin Rombach hat's gut.

Und warum hat er's gut? Weil er weiß, wo er steht. Der will nicht groß Karriere machen, bis rauf in die Forstdirektion oder so. Der will einfach in seinem Wald bleiben und zum Mittagessen und zum Feierabend zurück ins Forsthaus – kein Stress, bloß Glück. Der will einfach das werden, was er ist. Wie schön. Nur wie kann man das und wann? Und: Ist das überhaupt gut für mich?

Sinnfragen. Es war das amerikanische Autorenduo Alexandra Robbins und Abby Wilner, das dafür schon einen sehr fein zitierbaren Begriff gefunden hat, über den die beiden gleich ein gut verkäufliches Buch geschrieben haben: «Quarterlife Crisis». Darin geht es um junge Amerikaner, die gerade erst ihr Jobleben begonnen haben. Die Autoren berichten, wie diese Jobeinsteiger auf einmal in die Sinnkrise schlittern, genauso wie ihre Eltern. Bloß, dass die erst wesentlich später da reingeraten sind, weswegen das ja damals auch noch «Midlife-Crisis» hieß.

Marcus war bis vor kurzem auch in der Quarterlife Crisis. Er

hat sich Gedanken gemacht, ob das mit dem Sich-Reinhängen wohl alles so seine Richtigkeit hat. Oder ob die Forsthaus-Falkenau-Variante nicht die bessere Entscheidung wäre.
Marcus dachte wohl, reingehängt habe er sich jetzt genug. Er saß ja auch immer in seinem Dachzimmer voller Bücher und ordentlicher Papierstapel und hat gelernt. Es lief gut mit dem Jurastudium. Das Jahr zwischen der Unizeit und dem Referendariat nutzte er für einen Ergänzungsstudiengang: Wirtschaftsrecht. Damit kann man zur Bank und Karriere machen, hat er sich gesagt und dabei vielleicht die oberen Etagen der hohen Türme in Frankfurt im Kopf gehabt, die man immer im Fernsehen sieht, wenn's um Finanzen und Börse geht.
Während des anschließenden Referendariats ist Marcus zum ersten Mal aufgefallen, dass es auch anders geht. Eine seiner sechs Teilstationen während dieser zwei Jahre war nämlich eine Anwaltskanzlei: auf dem Land, klein, fein, fünf Leute, nicht viel Stress. Marcus konnte mit gelockerter Krawatte am eigenen Schreibtisch im eigenen Büro sitzen und selbständig seine Fälle betreuen. Man aß dort zusammen zu Mittag und kehrte früh heim zu Frau und manche auch zu Kind. Marcus fuhr mit dem Zug zurück, zu seiner Freundin, mit der wohnte er zusammen in der Dachwohnung, in der er vor kurzem noch so streng fürs Examen gelernt hatte. Manchmal fuhren sie am späten Nachmittag zu Ikea und kauften was, damit sie's noch schöner hätten zu Haus. Wenn man Marcus heute nach dieser Zeit fragt, wird sich in dem schwärmerischen Fazit immer auch die Charakterisierung «familiär» finden.
Die Zeit für diese Station war denn auch bald rum, und für seine letzte Etappe im Referendariat suchte sich Marcus eine noch kleinere Anwaltskanzlei aus – auch auf dem Land. Spezialgebiet: Insolvenzen. Und weil er sich ziemlich sicher war, dass er dort sein könnte, was er werden will, bewarb er sich nicht nur als Referendar, sondern gleich auch für die Zeit da-

nach. Wer nicht wagt, der nicht gewinnt, alle anderen Optionen sind ja dann trotzdem nicht verloren, und auf dem Land gibt's weniger Konkurrenz. So hatte sich Marcus das also gedacht, und das klingt auch ein bisschen berechnend, genau so, wie die Rechtfertigungen der Leute, die in die Politik wollen und der FDP beitreten, weil man da mangels Auswahl angeblich schnell vorankommen kann mit der Karriere. Das wirkt bloß so, sagt Marcus. Man kann sich schließlich mit gerade mal 30 Jahren in der Öffentlichkeit noch nicht auf ein Lebensmodell festlegen. Und damit hat er ja auch Recht.

Wie's so geht, nach Ablauf des Referendariats fragte man Marcus, ob er nicht bleiben möge, mehr Gehalt gab's natürlich auch und Fachanwaltskurse für die Weiterbildung sowieso. Ja, und jetzt haben sie ihm tatsächlich angeboten, Partner zu werden. Marcus hat's mit seiner Freundin besprochen und angenommen: «Geld zum Leben, nicht viel Stress – als Partner wird das Leben ruhiger.» Bei der Bundestagswahl hat er SPD gewählt, weil sein Chef gesagt hat, so gut wie in den letzten vier Jahren ging's der Branche noch nie. «Aber legst du dich nicht fest auf die Provinz», wird er oft gefragt. «Ja», antwortet er dann – und sehnt sich dabei hoffentlich nicht mehr nach den oberen Etagen schwer zu erklimmender Wolkenkratzer, wo ständig Begriffe wie Mobbing, Konkurrenz und Leistungsdruck buchstabiert werden.

In seinem Gehirn steht stattdessen ein Laufstall, in den er bloß noch Kinder setzen muss. Er schmunzelt zufrieden, ein bisschen so wie Förster Rombach am Ende einer Forsthaus-Falkenau-Folge.

Eine Frau
will die Wahl haben

Ich will es nicht mehr lesen, ich will es nicht mehr hören, ich will mich nicht mehr schuldig fühlen: dass und weil die Deutschen auf der roten Liste stehen und ich nichts dagegen tue.
Soll doch die Politik was unternehmen, schimpfe ich, wenn mir mal wieder ein Konservativer das Thema rüberreicht. Soll die doch mehr Kinderhorte einrichten, mehr Ganztagsschulen finanzieren, mehr Firmen dazu bewegen, Betriebskindergärten einzurichten. Dann krieg ich auch Kinder. Das Geld fehlt, sagst du? Soll die Politik eben das Zuwanderungsgesetz ändern, mehr Ausländer ins Land bitten, schimpfe ich. Dann werden die Deutschen vielleicht aussterben, Deutschland wird es nicht.
Indes, wenn ich ehrlich bin, mir geht's gar nicht um Kinderhorte, nicht um die Vereinbarkeit von Familie und Beruf. Nicht im Kern jedenfalls. Auch fühle ich mich, wenn ich ehrlich bin, niemals

schuldig, dass ich nicht gegen das deutsche demografische Desaster vorgehe. Mit den Schuldgefühlen, den politischen Tiraden müll ich nur die Wahrheit zu. Worum es mir tatsächlich geht, ist die Möglichkeit, die Wahl zu haben.

«Denn bisher hat er einfach von einem Tag zum anderen gelebt, hat jeden Tag etwas anderes versucht und ist ohne Arg gewesen», schreibt Ingeborg Bachmann in ihrer Erzählung «Das dreißigste Jahr», und es ist mir, als wäre Bachmanns *Er* eine *Sie*, wäre ich. «Bei jeder Gelegenheit hatte er ja gesagt zu einer Freundschaft, einer Liebe, zu einem Ansinnen, und all dies immer auf Probe, auf Abruf. Die Welt schien ihm kündbar, er selbst sich kündbar.» Eben. Alles ist kündbar, auch das Leben, nicht aber die Verantwortung für ein anderes – das deines Kindes.

Ein Kind ist der Gegenentwurf zur Wahlfreiheit, ein Kind zu haben die einzige Entscheidung, die sich nicht umkehren lässt. Eine Liebe kann ich töten oder weiterbeatmen; diese Stadt verlassen oder bleiben. Ich kann arbeiten bis zu Burnout und Bandscheibenvorfall oder kündigen und umschulen; kann mir neue Brüste schneidern lassen oder mich mit denen, die ungefragt geliefert wurden, arrangieren. Selbst eine Eigentumswohnung kann ich wieder verkaufen, eine vor Gott und allen Tanten geschlossene Ehe scheiden lassen. Nichts ist vom Umtausch ausgeschlossen, nichts ist für immer. Nur ein Kind. Einmal Mutter, immer Mutter. Ohne Notausgang.

Endgültigkeit. Ich weiß nicht, wie das geht. 30 Jahre habe ich bloß Unverbindlichkeit trainiert. Diese Disziplin beherrsche ich. Sie entspricht meinen Begabungen. Das Auf-20-Jahre-und-ewig-verpflichtet-Sein nicht. Was, wenn mir im dritten Monat der Boss den Traumjob offeriert? Was, wenn ich an unheilbarer Wochenbettpsychose erkranke? Was, wenn es mich nervt, Krabbelgruppen zu organisieren, «Eltern» zu lesen, Weihnachtssterne zu basteln? Was, wenn ich mich auf bunten Abenden in der Schulaula langweile? Was, wenn mich der dazugehörende Vater verlässt? Was, wenn ich mir an der Verantwortung einen Bruch hebe; wenn mich mein Kind nicht mag; wenn ich versage? Ja was? Mütter verpissen sich nicht. Sie überantworten ihre Probleme nicht dem Steuerberater. Sie brechen nicht den Kontakt ab zu dem Mistbock, der sie betrogen hat, weil der Mistbock der Vater ihres Kindes ist und das Kind ein Recht auf seinen Vater hat, auch wenn der ein Mistbock ist. Mütter ziehen nicht den Kopf ein und hoffen, dass sich Dinge von alleine regeln. Sie fragen sich nicht, ob sie Lust haben, Weihnachtssterne zu basteln und in Gruppen zu krabbeln. Sie krabbeln, weil es das Kind beglückt, und Glück sind sie ihm schuldig. Mütter sagen nicht: »Danke, netter Versuch. Hab's mir anders überlegt. Könnte mir jetzt bitte wer den Wurm hier abnehmen?» Mütter machen weiter. Sie haben keine Wahl.

Ich aber möchte die Wahl haben. Mehr noch: Ich will die Möglichkeit der Wahl. Deshalb lebe ich in einer Großstadt. Weil ich weiß, weil ich *fühle*, dass da draußen, vor meiner Tür, der Tisch mit Leben gedeckt ist, dass ich mich voll fressen könnte am Großstadtbuffet. Oder bloß kosten. Oder fasten. Dies oder das zu können, wenn man denn wollte – das ist es, was ich meine, wenn ich sage: die Möglichkeit der Wahl.

«Das ist unreif und egoistisch», sagt der Konservative, der das gehört hat. Manchmal sag ich's mir ja selbst. Andererseits: Warum will man ein Kind? Um den Fortbestand der Deutschen zu sichern? Um im Alter nur dem eigenen Blut zur Last und selber nicht vom Fleisch zu fallen? Für die Rente, das Bruttosozialprodukt? Psychologen haben untersucht, warum sich Leute heute zu vervielfältigen wünschen. Weil ihnen «Kinder als sinnstiftender Lebensinhalt der Beziehung scheinen, als Erweiterung der Selbsterfahrung, als Ausdruck des Wunsches nach mehr Nähe und Zärtlichkeit». Ziemlich hoch toupiert, diese Erwartungen. Das ist doch auch Egoismus, freilich veredelter Egoismus, nämlich einer im Zeichen der Liebe. Oder? Oder nicht?

Tatsache bleibt doch: Leute bekommen zumeist (keine) Kinder, weil sie es sich so wünschen. Was den einen Wunsch vom anderen unterscheidet, ist der Glaube, glaube ich. Die einen glauben, dass dir ein Kind Türen zuschlägt, die anderen, dass das egal sei, weil es dir Türen öffnet zu bedeutenderen Räumen. Bedingungslose Liebe wohnt in einem davon.

Diese Liebe muss einen langen Zeigefinger haben. Den streckt sie aus und berührt den äußersten Zipfel meiner Seele, wenn ich zuschaue, wie Mona ihre Töchter Marietta und Sophie ins Bett bringt. Wenn ich höre, wie Mona «Guten Abend, gute Nacht» singt, wenn ich sehe, wie sie die Mädchen dabei angucken, wenn ich erlebe, wie sich die drei umarmen, wie sie die zwei zudeckt und ihnen ein letztes Mal über den Scheitel streicht, bevor sie das Licht löscht, dann ahne ich, warum meine Freundin nichts bereut. Mona hätte gern mal in England studiert, was nicht ging, weil sie Marietta schon im dritten Semester bekam. Mona hätte gerne promoviert, in Geschichte, was nicht klappte, weil sie nach dem Examen schon zwei Kinder und einen Ex-Mann hatte. Mona hätte gerne mehr Zeit, für sich selbst, ihren Freund, das Familienleben; Zeit, die ihr nicht bleibt, weil die Organisation des familiären Flickwerks und der Job so viel davon fressen. «Ich hab's anders geplant», sagt Mona, 30, zwei Kinder, 9 und 6, geschieden, berufstätig, Freund Pilot, immer unterwegs, «aber es ist gut so, wie es gekommen ist.»

Es kommt einfach. Genau. «Familienplanung» ist bloß ein sehr deutsches Wort für eine sehr deutsche Illusion, die dich glauben macht, mit einem Terminkalender und straffem Management ließe sich wirklich alles ordnen, auch deine Innereien. «Familienplanung» täuscht darüber hinweg, dass der Kinderwunsch keine Kopfgeburt ist, dass der Bauch den Wunsch gebärt. «Familienplanung» passt zu «Generationenvertrag», zu Rententabellen, Bevölkerungsentwicklungsstatistiken, zum politischen Diskurs. Nur nicht zum Leben. «Irgendwann knallen dir die Hormone durch und dann schaust du wie bekifft, wenn der Gillette-Rasierklin-

genbewerbungsmann seinen Sohn küsst», stellt mir Marion in Aussicht, der es selbst so ergangen ist.
Marion, vom Vater verlassen, von der Mutter bei der Oma deponiert und dort vergessen, wusste nicht, wie das geht, Geborgenheit, eine Familie. Karriere, dafür reichte ihre Fantasie. Also plante sie die. Kinder? Nie! Mit 38 schwängerte sie ein bis dato unfruchtbarer Mann. Und statt zum wiederholten Male abzutreiben, heulte Marion, als sie die Gillette-Werbung im Abendprogramm sah. «Ich brannte. Ich sehnte mich nach diesem Kind, wie sich jemand, dessen Haus abfackelt, nach der Feuerwehr sehnt», sagt Marion, die inzwischen mit der Frau vom Sozialamt per Du ist. Der Teilzeitunfruchtbare hat sich derweil zum Vollzeitarschloch entwickelt. Er bezahlt Alimente für Annabelle, begegnet ihr aber nur auf dem Konto. Umgangsverbot. Familien*planung*? Lachhaft.
Vielleicht weil sich Familienglück jedem Masterplan entzieht und wir das ahnen, weil Glück eben Glückssache ist, setzen immer mehr Leute alles daran, wenigstens den Auftakt perfekt durchzuplanen, die Eheschließung. Zumindest die paar Paare, die überhaupt noch heiraten. Die meisten in unserem Alter halten das «Ja» ja eh für unnötig (schon weil einem das Ehegattensplitting bei gleichen Einkommen nichts schenkt) und trauen sich bloß, wenn ein Kind in Arbeit oder schon geliefert ist. Und doch: Gegen Trend, Vernunft und Wirtschaftskrise ähnelt die Auslage meines Buchladens an der Ecke, das Schaufenster, in dem die Ratgeber liegen, dem Dezember am Kitzsteinhorn: alles weiß. Nur Hochzeitsvorbereitungsbücher darin. Und am Kiosk zähle ich allein sechs neue, hantelschwere Journale, in denen es auch um nichts anderes geht. Frauenmagazine diskutieren, ob der Antrag nun am Fallschirm eingesprungen oder auf Knien überreicht werden sollte, ob der Verlobungsring von Victoria Beckham (Navette-Schliff-Diamant, drei Karat) stylish oder bloß protzig ist, ob die Hochzeitstorten der New Yorker Zuckergusszarin Sylvia Weinstock ihre 10 000 Euro wert sind, ob die Braut besser Bianca Jagger covert (schneeweißer

Yves-Saint-Laurent-Smoking mit nichts darunter) oder Carolyn Besset (Spaghettiträgerteil, grau-weiß changierend wie Wellenkämme, dazu Manolo-Blahnik-Seidensandalen), die nunmehr tote Gattin des ebenso toten John F. Kennedy junior. Ich weiß es doch auch nicht, weiß nur, dass ich mich den Fragen nach Tischdeko und Tortendekor, Einstecktuch des Bräutigams, Brautjungfernslips, Blaskapelle, Kotelett oder Kaviar nicht durch eine heimliche Nur-er-und-ich-Hochzeit in Las Vegas entziehen könnte. Die würde meine Eltern töten, meine Verwandtschaft auch. So hing ich drin, im Leistungs-Luxus-Liebesbesiegelungszinnober. Ich hätte keine Wahl.

Ich aber will die Wahl haben, mehr noch: Ich will die Möglichkeit der Wahl. Deshalb heirate ich nicht. Weil ich weiß, weil ich *fühle*, dass ich jederzeit gehen kann. Darum bleibe ich und liebe, schon 13 Jahre lang.

Da ist nur eins, was mich beunruhigt, ein wenig mehr mit jedem Jahr: Kein Kind zu haben ist eine Entscheidung, die sich irgendwann auch nicht mehr umkehren lässt. In den letzten Dingen lässt man dir keine Wahl.

Ein Mann kann bei dem Thema nicht ernst bleiben

Zum ersten Mal bin ich dem Wort Familienplanung während der Fußball-WM 1982 begegnet. Ich schaute mir mit meinem damals besten Freund Ralf die Übertragung eines Spiels an. Wer gegen wen, weiß ich nicht mehr. Es gab einen Freistoß, der Schütze schoss den Ball nicht über, sondern in die zur Abwehr bereitstehende Mauer aus gegnerischen Spielern. Der Ball traf einen der Spieler sehr unglücklich. Sofort verzog er das Gesicht, knickte in der Mitte ein und presste die Hände an die schmerzende Stelle. «Voll in die Familienplanung», sagte Ralf. Ich musste lachen. Ralf nicht. «Das ist nicht witzig», sagte er. «Davon kann man ersticken oder unfruchtbar werden.» Daran hatte ich nicht gedacht, wir waren ja auch erst neun. Seitdem weiß ich aber, dass Familienplanung etwas sehr Ernstes sein muss.

Diese ernste Sache hat mich seit der WM '82 nicht groß beschäftigt. Genau genommen habe ich in meinem Leben wohl mehr über diese WM nachgedacht als über Familienplanung. Ich mag das Wort auch nicht besonders, es klingt so amtlich. «So, wir machen jetzt eine Familie. Wann wollen wir denn damit anfangen? Mir wäre übermorgen recht.» Familienplanung überfordert mich. Ich muss mich schützen durch Albernheiten wie die mit der WM-Erinnerung. Ich bin zu jung für Familienplanung.

In der letzten Zeit kommt mir das Thema leider häufiger unter. Bekannte unterhalten sich darüber, gewissenhaft, dem Ernst des Gegenstandes angemessen. Jetzt sei der ideale Zeitpunkt für Kinder, sagte neulich einer. Er sei ja nun mit der Ausbildung fertig, werde bald Geld verdienen, da sei das mit dem Familiegründen schon mal zu überlegen. Es war Freitagabend, wir saßen wie immer beisammen, prosteten uns zu. Ich dachte ge-

rade schwer angestrengt darüber nach, welche CD ich als Nächstes einlege, als das mit der Familienplanung losging. «Es ist doch viel schöner, Vater zu werden, wenn man jünger ist», hieß es.
Vater werden. Ein Begriff, den ich beim Feiern eigentlich nicht so gerne höre. Den ich eigentlich sowieso nicht so gerne höre. Warum, weiß ich aber auch nicht. Ich bin zu jung dafür, finde ich, ich beschäftige mich später irgendwann damit. Ich sagte nichts zum Thema, sondern versuchte ernst zu wirken. Ich wollte Atmosphäre schaffen und legte etwas Ruhiges auf: «A Question of Lust» von Depeche Mode.
Offensichtlich fanden alle das Thema Familie und Kinder ziemlich interessant. Jeder hatte sich anscheinend schon Gedanken gemacht, selbst die, die keine Freundin hatten. Ich wollte auch etwas zum Gespräch beisteuern, aber mir fiel nichts ein. Ich suchte nach meiner Meinung, fand sie nicht. Meine Eltern waren 21, als ich auf die Welt gekommen bin,

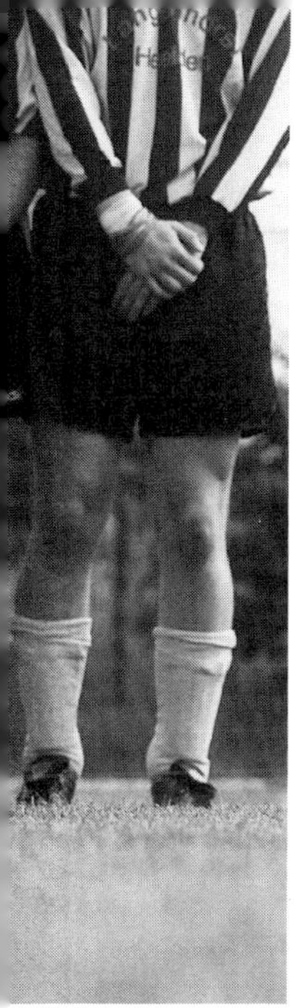

dachte ich. Als sie so alt waren wie ich jetzt, war ich schon neun. Mir kam in den Sinn, was ich neulich in einem dieser TV-Wirtschaftsmagazine gesehen hatte. Es ging ums Bauen, und ich dachte, guck dir das mal an, kann dir vielleicht nützlich sein. In Wahrheit lief auf den anderen Kanälen gerade Werbung.

Es ging um ein Paar, das die Autoren des Beitrags die Kramers genannt hatten. Die Kramers waren Zeichentrickfiguren. Sie zogen gerade in ihr neues Haus ein. Das fand ich noch romantisch. Die Kramers schauten sich verliebt an. Obwohl die Kramers ja nur Trickfiguren waren. Ihre Pupillen hatte man in Herzform gezeichnet. Durch den Briefschlitz ihrer neuen Haustür flatterten Unmengen von Rechnungen ins neue Haus. Nur die Köpfe der Kramers schauten schließlich noch aus dem Briefehaufen. Sie umarmten sich, sorgenvoll. Sie waren nicht mehr in love, sondern in Not. Sie waren pleite, und sie brauchten Geld vom Staat. Eigenheimzulage und so was. Die Sprecherin sagte, dass die Kramers mehr Geld bekommen könnten, wenn sie Kinder hätten. Außerdem gebe es dann auch Baukindergeld. Ich weiß sogar noch, dass das 767 Euro pro Kind sind. Erst sah man die Comic-Kramers sich nachdenklich anschauen, dann verschwanden sie grinsend und Hand in Hand im Schlafzimmer. Als die Tür hinter ihnen zuging, sagte die Sprecherin: «Je früher die beiden mit der Familienplanung anfangen, desto besser. Denn das Kinderbaugeld gibt es nur so lange, wie die achtjährige Eigenheimzulage gezahlt wird.» Romantisch war das nicht mehr.

Sollte es doch aber sein, das Kinderkriegen. Planen klingt so rational, ich finde dieses Wort da wirklich unpassend. Kinder-

kriegen als romantischer Zufall wäre mir das Liebste. Aber damit konnte ich in meiner Freitagabend-Runde nicht kommen. Wie hört sich das auch an. Mensch, da will man mit Freunden feiern, und dann reden die über so was.
«Man kann das nicht planen», sagte ich eher beiläufig und um etwas zu sagen. Ich vertrat damit eine Außenseitermeinung, das wurde schnell klar. Planen müsse sein, erfuhr ich, schließlich müsse man ja mit der Person, mit der man die Familie nun gründen wolle, übereinkommen. «Es muss bei beiden passen», sagte einer. Schließlich gelte es, die Vorbeugemaßnahmen, die man bei geringem Interesse an eigenen Kindern ja üblicherweise ergreife, wegzulassen. Darüber müsse man schon reden. Ich hätte gern gewusst, wann man über so was redet. Sonntags beim Frühstück, während des Zähneputzens oder beim Fernsehen. Auf jeden Fall ernst und nicht witzig. Und wie geht's dann weiter?
Hoffentlich nicht so, wie das mal in einer Frauenzeitschrift empfohlen wurde. Dann kann ich nämlich nie Kinder machen. «Sex kann noch aufregender sein, wenn das Ergebnis das Getrippel winziger Füße im Haus ist», stand da. Ich sehe das anders. Ich möchte kein Fußgetrippel danach. Bevor man aber loslege, solle man gemeinsam überlegen, ob die Frau gegen Röteln geimpft sei. Wenn nicht, sei das ganz schlecht. Röteln während der Schwangerschaft könnten das Baby taub werden oder erblinden lassen. Da hätte ich dann schon keine Lust mehr, ich mag nicht an Röteln denken. Nicht dabei. Außerdem solle der Mann sich im Klaren darüber sein, hieß es in der Zeitschrift weiter, ob er die angemessene Zahl Spermien habe, damit sie im Vaginalschleim der Frau überleben könnten. So kann man das doch nicht aufziehen, oder? So biologiebuchmäßig. Ich jedenfalls nicht. Vaginalschleim! Wenn man das alles und ein paar sehr klinisch klingende Sachen mehr geklärt habe, empfahl die Frauenzeitschrift, sei der Augenblick gekommen, und man

könne zur Tat schreiten. Zur Tat schreiten! «So, wollen wir? Ja los, dann lass uns mal, nützt ja nichts.» Ich kann bei dem Thema nicht ernst bleiben.

«Und wenn man das dann besprochen hat», fragte ich, «dann soll man direkt zur Tat schreiten, oder was?» Das «zur Tat schreiten» sagte ich mit verstellter Stimme, ich wollte mich von dem Ausdruck distanzieren, witzig wirken. Aber Familienplanung ist etwas Ernstes, so auch die Antwort: «Nicht unbedingt. Ihr vereinbart, dass es jetzt so weit sein könnte, und dann macht ihr ganz entspannt weiter wie sonst.» Ich fragte: «Wieso ihr? Ich will erst mal keine Kinderfüße trippeln hören.» Dafür sei ich noch zu jung, sagte ich dummerweise auch. 30 sei in dieser Angelegenheit nicht eben jung, musste ich mir sogleich anhören. Eher alt sogar. Wie auf Verabredung fing das Lied «A Question of Time» an. Immer noch Depeche Mode, ich musste unbedingt die CD wechseln.

«Bei Männern kommt das nicht so drauf an», sagte jemand. «Wenn die sich erst mit 40 reif fühlen, für was Kleines zu sorgen, ist das auch egal. Die können nämlich immer.» Da wurde dann zum Glück mal wieder gelacht in der Runde. So ein fieses Männerlachen. Tat gut. Und das Thema war durch, endlich.

40 ist gut, dachte ich, zurück beim CD-Player. Mit 40 wird's ernst. Dann aber wirklich. Ich hätte jetzt gerne «Forever young» von Alphaville gehört, aber ich fand die CD nicht.

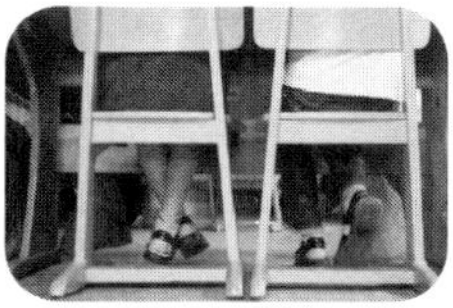

2. Herz

30 wird man – schneller als das Herz hinterherschlägt. Auch wenn das Hirn längst ahnt, wo es langgehen sollte, bleibt das Herz lieber im Jugendzimmer. Weil wir uns dort noch zu Hause fühlen, weil es bequem ist und wir uns nicht gerne verabschieden. Denn dieses Mal wär's für immer. Wird Philipp also aufhören, seinen Eltern Kaffee zu kochen? Wird Kathrins Mutter weinen, nur weil ihre Tochter das Wort «Kirchenaustritt» aufschreibt? Und wenn wir es nicht wissen, weiß es jemand, den wir beim Klassentreffen wiedersehen? In weiteren Rollen: ein Lava-Lover, ein Eierschneider, Pfarrer Kröger, eine Aussteigerin und Heimweh.

Eine Frau weckt ihre Eltern

Manchmal habe ich Heimweh. Eigentlich immer, wenn ich krank bin und im Bett liegen muss. Der Hals schmerzt, ich fühle mich schlapp und leidend. Niemand ist da, der mich umsorgt. Der mein Fieber misst, mich bekocht und Waden wickelt, ohne Ansprüche zu stellen. Dann verordne ich mir eine Erinnerung, die mich von der Sehnsucht nach Kinderbett und mütterlicher Zuwendung kuriert: Ich denke zurück an Innsbruck.
Dort verbrachten wir unseren letzten echten Papa-Mama-Tochter-Urlaub. Ich war 15 und hatte gerade begonnen, Jungen interessant und meinen Hintern zu dick zu finden. Alle Frauen entdecken das andere Geschlecht zeitgleich mit eigenen Missbildungen. Diese Wahrnehmungsstörung begleitet sie bis ins hohe Alter und sichert die Auflagen von «Petra», «Cosmopolitan» und «Elle».
Es war dies der erste Sommer meines Lebens, in dem ich Dinge dachte und tat, die man seiner Mutter nicht mehr erzählt. Ich kaufte alleine Hosen, hängte ein «Bitte anklopfen»-Schild an die Zimmertür und ging deshalb gern zur Schule, weil sie mich elterlicher Aufsicht entzog. Meine Mutter hatte das bemerkt. Es gefiel ihr nicht. Der Urlaub bot ihr die Gelegenheit, sich meiner Emanzipation entgegenzustemmen – mit ganzer Kraft.
Per einstweilige Verfügung wurden meine knielangen Schlabberpullis im Koffer eingesperrt. So blieb mir nichts, mit dem ich meine Problemzone kaschieren konnte. Am liebsten hätte ich die Woche in Innsbruck sitzend zugebracht. Auch das ließen meine Eltern nicht zu. Und so empfand ich jeden Spaziergang als peinliche Zurschaustellung meines Hinterns. Den Höhepunkt der Erniedrigung brachte ein Gewitter. Wir waren meilenweit von unserem Hotel entfernt, es regnete, und meine Mutter ließ mich eine

große, hässliche Strickpudelmütze aufsetzen – «damit du dich nicht erkältest». Mein Vater guckte streng und machte jeden Widerstand zwecklos. Mit Pudelmütze und ausgestelltem Hinterteil passierte ich eine Gruppe grinsender junger Männer. Und starb.

Wenn ich heute zu Geburtstagen, Weihnachten und anderen Familienfesten nach Hause komme, ist es mir, als könne meine Mutter die Pudelmütze jederzeit wieder hervorholen. Auch überlege ich vorher sehr genau, welche Kleidung ich für den Heimaturlaub einpacke, welches Buch ich besser nicht mitnehme, wie ich mein Haar frisiere und wo ich meine Zigaretten im Koffer verstecke. Ich liebe meine Eltern. Ich fahre gerne nach Hause. Aber das Gefühl, in Zweifelsfällen gehorchen zu müssen (heute vor allem, um sie nicht zu verletzen), lässt mich wie früher Gelegenheiten suchen, dem elterlichen Zugriff zu entkommen.

Also verabrede ich mich mit alten Freunden, die zu Weihnachten auch in der Heimat sind. Abends treffen wir uns in den Kneipen unserer Jugend. Wir trinken, rauchen, fühlen uns frei, befreit auch vom Ernst des Lebens. Und ab halb zwölf beginnt jeder Satz mit «Weißt du noch». Wenn wir dann spät und betrunken nach Hause

kommen, bemerken wir, dass wir den Schlüssel zu unserer eigenen Wohnung, nicht aber den zu unserem Elternhaus eingesteckt haben. Wir klingeln unsere Eltern aus dem Schlaf und kriegen Ärger.

Früher schlief meine Mutter erst ein, wenn ich wieder zu Hause war. Dass sie nicht mehr auf mich wartet, zeigt mir, dass sich auch Mütter emanzipieren. Sehr eindrucksvoll beweist das mein Kinderzimmer. Ich habe nämlich keins mehr. Meine Mutter hat einen Mehrzweckraum daraus gemacht. Hat ihn mit ihren Möbeln, ihren Bildern, ihren Erinnerungen dekoriert und eine Ausziehcouch hineingestellt, auf der ich schlafe, wenn ich wieder zu Hause bin.

Anderen Töchtern geht es ebenso: In Claudias Kinderzimmer steht heute eine Nähmaschine. In Karins Kinderzimmer trocknet Karins Mutter die Wäsche. Susa hatte zwei Kinderzimmer. Nun wohnt in dem einen Gerümpel, das auf den Sperrmüll wartet. Im anderen lernt ihr Bruder BWL. «Nils hat sein Bücherregal vor mein Lieblingsposter gestellt», schimpft Susa. Das Poster hatte sie von ihrem ersten Urlaub in Australien mit nach Hause gebracht. Es zeigt hohe Wellen in der Byron Bay und hing – seit sie 17 war – über ihrem Bett. Jetzt verdecken Kostenrechnung I & II den Wellengang, und Susa schläft im Sperrmüllzimmer. Dort ruhen auch ihre Erinnerungen und das Shampoo für extrafeines Haar, staubgeschützt in Schuhkartons.

Susa, Claudia, Karin und ich, wir meinen, dass sich Eltern emanzipieren dürfen. Aber doch nicht die eigenen! Jedenfalls finden wir es übertrieben, dass sich der Befreiungsschlag gegen unsere Kinderzimmer richtet. Meiner Mutter habe ich das nie gesagt. Doch habe ich mir ausbedungen, gefragt zu werden, bevor sie wieder etwas, das mir gehört, im Keller versteckt oder wegwirft.

Gerade hat sie mich angerufen. Sie will wissen, ob sie meine Jungmädchenkleidung in den Altkleidersack stecken darf, darunter die hässliche Pudelmütze. Ich sage nein. Und nächsten Freitag fahre ich wieder nach Hause.

Ein Mann sitzt im Jungenzimmer

Wenn Sie mich jetzt sehen könnten: Ich sitze in meinem alten Kinderzimmer, zu Hause bei meinen Eltern. Es ist Ostern und eigentlich sollte ich längst Kaffee gekocht haben, damit er fertig ist, wenn meine Eltern vom Mittagsschlaf aufwachen und am Küchentisch Kuchen essen wollen. So geht das bei uns an Feiertagen, da hat sich seit Schulzeiten nichts großartig geändert. Kaffee kochen nach dem Mittagessen, das war schon früher mein Job. Nicht sehr verantwortungsvoll, aber doch von Bedeutung für den reibungslosen Tagesablauf. Immerhin.

Sie sehen mich also in meinem Zimmer sitzen, im Kassettenrekorder schwurbelt ein Morrissey-Tape, im Regal unter dem Inspiral-Carpets-Poster steht «Der Fänger im Roggen» und der ganze Schullektüre-Kram. Auf den Nachttisch hat mir meine Mutter ein Osternest gestellt, Fondanteier sind da drin, diese grünen mit der Kokosfüllung, und ein Küken aus Draht und gelben Borsten. In dieser Umgebung – ich hoffe, das wird deutlich – kann man nur Kind sein, geht gar nicht anders. Dass ich schon x Jahre woanders wohne – egal. Nach Hause kommen ist wie Zeitreise.

Aber ganz ehrlich, ich finde das gar nicht schlimm, überhaupt nicht eigentlich. Kindsein ist irgendwie so … ja, so entspannend. Dann und wann jedenfalls. Wäre das Wort in diesem Zusammenhang nicht so kitschig, würde ich sogar von «Geborgenheit» reden. Man kann diese Situation vielleicht mit dem Gefühl vergleichen, das die Leute in den 80ern gehabt haben müssen, die sich «Dirty Dancing» zehn, zwanzig Mal angeguckt haben. Die wussten, was sie erwartet. Keine Experimente, bitte. Einfach dasitzen und dem bekannten Lauf der Dinge folgen. So ungefähr.

Dabei ist der erste Abend zu Hause gar nicht mal frei von Spannungen – oder besser: Gegensätzlichkeiten. Komische Stim-

mung, fremdeln heißt das bei kleinen Kindern wohl. Da treffen eben zwei Lebenswelten aufeinander. Kann sein, dass es einfach nur daran liegt, dass ich nach langer Autofahrt doch ein bisschen geschafft bin und nicht mehr so viel Lust habe, der Nun-erzähl-doch-mal-Erwartungshaltung zu genügen.
Jedenfalls: Spätestens am nächsten Morgen bin ich drin im Eltern-Sohn-Schema. Ist immer dasselbe, sehr verlässlich. Schön, dass es anderen so offensichtlich ähnlich geht. Uwe sagt abends zu seinem Vater: «Papa, wir gehen noch in die Stadt.» Selbstverständlich kommt dann Papas Frage, wann er denn wiederkomme. «Weiß ich noch nicht», sagt Uwe. Die Augen verdreht Uwe dabei nicht mehr, das ist der Unterschied zu früher.
Überhaupt: Weggehen zu Hause. Die meisten Lokale von früher gibt's nicht mehr. Andere heißen bloß anders. An Weihnachten und Ostern treffe ich aber trotzdem das Personal meiner Jugend, die kommen dann ja auch alle zurück. Manche sieht man gern, andere weniger. Zeitreise, wie gesagt. Nur, dass jetzt erst mal so doof nachgehorcht wird: «Was machst du eigentlich?», geht die Standard-Gesprächs-Ouvertüre. Beruflich, meinen die natürlich. Morgens am Frühstückstisch dienen denen die Antworten dann bestimmt zur Information der Eltern. Genau wie sie früher nach Klassenarbeiten die Noten der anderen zu Hause gleich mit aufsagen mussten. Diese Kinder!
Oh, da hör ich gerade meine Eltern. Jetzt muss ich aber los, Kaffee kochen.

Eine Frau ist maulfaul

Freunde fand man früher so leicht. Steffi fand ich so: Am Tag unserer Einschulung sah ich sie zum ersten Mal. Das heißt, ich sah die greisen Zwerge auf ihrer Schultüte. Zwei bärtige, schrumpelige Alte, die mir sehr gefielen; ich hatte wohl schon damals einen Hang zu reiferen Herren. Ich sprach Steffi auf die Tüte und die Kerle an. Wir redeten über dies und das. Worüber man eben so redet, wenn man sechs Jahre alt und dies der erste Schultag ist. Im Klassenzimmer setzten wir uns nebeneinander. Elf Jahre saßen wir so.

Es brauchte wenig, um sich anzufreunden. Weil es so viele Gemeinsamkeiten gab, die einen verbanden, noch bevor man die ersten Worte gewechselt hatte: derselbe Stundenplan, dieselben Hausaufgaben, derselbe Horror vor Klassenlehrer Kreuter und davor, dass einem mal so riesige Brüste wachsen würden, wie sie Karins großer Schwester sicherlich bald den Rücken brachen. Diese Übereinstimmungen in Angst und Alltag schafften Vertrautheit. Auf Vorschuss. Ohne sich dafür anzustrengen. Vertrautheit aber ist der verführerischste Reiz und das holdeste Band der Freundschaft, habe ich mal gelesen. Etwas Großes bekam man also geschenkt. Damals.

Hand in Hand marschierten wir in die Pubertät, Faust gegen Faust kämpften wir uns heraus. Die Männer waren schuld daran. Sie säten den Zweifel, wer von uns hübscher sei.

Diese ersten Beben im Liebesland brachten Vertrautheit allenthalben zum Einsturz. Meine Freundschaft zu Anne zertrümmerte René, die zu Katja pulverisierte Hannes. Karin hätte ich beinahe wegen Lutz verloren, Claudia wegen Jochen. Trink ich noch einen Liter Rotwein, fallen mir weitere Namen ein. Aber dann muss ich mich übergeben, und das ist es mir nicht mehr wert. Wie es auch die Männer nicht wert waren.

Freilich gab es Bindungen, die den frühen hormonellen Erschütterungen standhielten. Die zu Susa etwa. Die Vertrautheit, die uns der gemeinsame Alltag gewährte, trug uns durch die Zeit und fraß sich eben daran fett – an der gemeinsamen Vergangenheit. Susa und ich, wir sind Legende. Ich kann ihr alles erzählen. Und muss ihr nichts erzählen. Susa kennt das Bett, unter das ich die leeren Konservendosen schob – zumeist Aldi-Miesmuschel in Tomatensauce –, nachdem ich, hungrig getanzt, aus der Disco gekommen war. Sie kennt den Forstweg, auf dem ich gegen meinen Hintern anlief. Sie weiß, wie der Winter im Westerwald riecht, wie der Herbst und wie das Fell meines Ponys. Mir hingegen hängt noch heute ein Schlachthof in der Nase, denke ich an das Hundefutter, das Susas Mutter in der Mikrowelle auftaute. Sagte ich es schon? Susa ist meine beste Freundin.

Wir wohnten knapp zehn Kilometer voneinander entfernt, ich in Burg, Susa in Ballersbach. Ich lief, radelte oder ritt zu ihr. Heute fahre ich Auto. Doch Susa wohnt viel zu weit weg, und wir beide haben viel zu wenig Zeit, um uns häufiger zu treffen. Der Job. Der Einkauf. Der Freund. Der Haushalt. Die Steuererklärung. Also telefonieren wir. Susa und ich. Karin und ich. Mona und ich.

Mit Mona, der Schwedin, lebte ich in Hamburg im Studentenwohnheim zusammen, mit Karin in Salamanca. Auch wir haben zusammen Geschichte gemacht, an die wir jederzeit anknüpfen können. Das ist der Lohn der Mobilität: Du hast Freunde überall auf der Welt. Und das ist der Preis: Du bist nie dort, wo sie gerade sind. Und wenn du mal dorthin kommst, sind sie gerade unterwegs – Freunde besuchen.

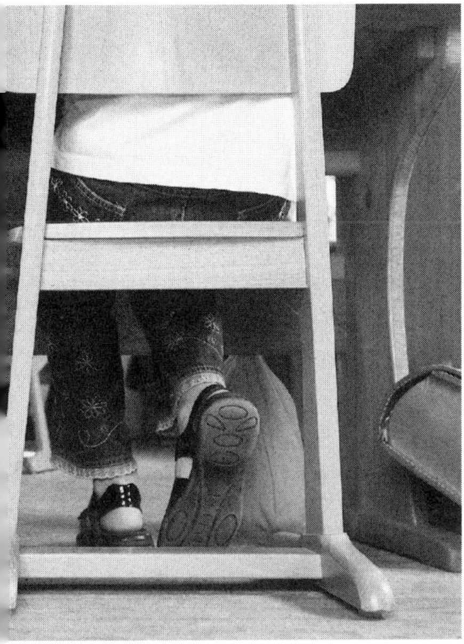

Ich denke an meine Mutter. Sie lebt den Gegenentwurf zum «Morgen-schon-fort». Geboren in Burg, dort aufgewachsen, einen Burger geheiratet, mit ihm ein Haus gebaut. In Burg selbstverständlich. Ihre Freundinnen haben es genauso gehalten. Deshalb brauchen sie kein Telefon. Das heißt, sie brauchen es doch – um mit den Nomaden zu sprechen, ihren Kindern. Ich hätte dort bleiben sollen, denke ich manchmal, in einsamen Momenten. Dann wohnten auch meine Freunde immer noch um die Ecke. Doch wenn du vom Land kommst, etwas erleben, etwas studieren willst, bietet der mütterliche Lebensentwurf keine Alternative. Und wenn ich mir die angucke, die geblieben sind ... was habe ich denen zu sagen?

Ich will gar nicht jammern, wirklich nicht. Das ist bloß der Rotwein – und die Tatsache, dass es mit zunehmendem Alter schwerer fällt, den Kreis der engen Freundinnen um ein, zwei greifbare Exemplare zu erweitern. Es mangelt an Zeit, an Offenheit und Gelegenheiten. Wenn du erst mal im Beruf steckst und in einer festen Beziehung, dann lernst du nicht mal mehr Männer so einfach kennen. Weil dein eigener immer hinter dir steht. Das hemmt natürlich. Bleiben die Kolleginnen und Kollegen, mit denen du ja noch mehr Zeit verbringst als mit deinem Freund und dem Fernseher. Meine sind echt in Ordnung, da darf ich nicht meckern. Beste Freunde können sie schon deswegen nicht werden, weil die Autoren von Karrieremanagementbüchern immer davor warnen, sich zu vertraut mit Kollegen zu stellen. Dieselben Autoren raten in Beziehungsmanagementbüchern dringend davon ab, seinem Lebensgefährten Pickel auszudrücken oder ihn Tampons holen zu schicken. Heißt: Auch der beste Mann wird nicht deine beste Freundin.

Also zehre ich von der Substanz, auf Distanz. In der Nähe bleiben Zufallsbekanntschaften, Jogging- oder Badmintonpartner, aus denen sich freilich mehr entwickelt, wenn man was dafür tut. Nur bin ich oft zu müde. Nach einem langen Arbeitstag oder am Wochenende, das heute so viel anstrengender ist als früher, weil man tausenderlei erwachsene Notwendigkeiten erledigen muss, die unter der Woche liegen bleiben. Richtig maulfaul macht mich das. Hab keine Lust, meine Geschichte zu erzählen und davon, wie's war, als ich noch 80 Kilo wog. Neulich Nacht brachte das Erste eine Dokumentation über Leute, die in der DDR aufgewachsen sind, alle so um die 30. Die erzählten das Gleiche. Sagten, dass sie sich in Gesprächen mit anderen Ossi-Kindern nicht erklären müssten,

dass in diesen Gesprächen «Jugendweihe», «Plaste», «Broiler», «Horch & Guck» immer ein «du weißt schon» einschließen. «Da fühl ich mich verstanden und bekomme Heimatgefühle», sagte so ein Zonen-Kind.
Muss seltsam sein, wenn dir von deiner Heimat tatsächlich nur die Gefühle bleiben, weil «zu Hause» abgeschafft ist. Da geht's mir viel besser. Den Westerwald macht keiner dicht; bloß ins Kinderland lässt man mich nicht mehr einreisen. «Kinder vertrauen sich rückhaltlos ihren Freunden an», schreibt der Philosoph Jean-François de Saint-Lambert.
Wenn ich's recht bedenke, mach ich's noch genauso, wenn ich Susa seh.
Und wenn ich noch einen Rotwein trinke sowieso.

Ein Mann wird auf den Wellen der Zeit fortgetragen

Das Wort «Freunde» hat so etwas Gefühlig-Weinerliches für mich. Da ist viel Früher drin, ein Urbedürfnis nach gemeinsamem Erleben, meinetwegen sogar ein bisschen Klassenfahrt-Romantik, nur weniger allgemein, weil's ja um mich und meine Freunde geht. Richtige Freunde kommen aus der Zeit, bevor die Zukunft anfing. Was Begegnungen mit oder Erinnerungen an solche alten Freunde jetzt hervorrufen, ist ein angenehm schwermütiges Gefühl.

Bert und ich waren ziemlich sicher, dass wir nach der Schule zusammenziehen würden. Ob Hamburg oder Berlin, war erst mal egal, Hauptsache Altbau mit hohen Decken – und vielleicht nicht ganz so weit weg von zu Haus. Natürlich würde immer gut was los sein in unserer Wohnung. Die Leute würden sich die Klinke in die Hand geben, und wenn wir Leute sagten, meinten wir selbstverständlich in erster Linie Mädchen, schöne und patente. Das war so klar wie kitschig.

Ich hatte es nicht weit mit dem Fahrrad bis zum Haus von Berts Eltern, wo auf dem Stückchen Rasen neben der Einfahrt ein großer Stein stand, aus dem von oben leise Wasser plätscherte. Im Keller hatten wir unseren achtzehnten Geburtstag gefeiert – unsere Mütter hatten partytechnisch günstig gekreißt, wir liegen nur vier Tage auseinander. Der Schriftzug, den der Schalke-Fan unter den Partygästen mit wasserfestem Filzstift auf der Heizung des Gästeklos hinterlassen hat, ist heute noch zu lesen: «Gelsen-Szene». Na ja.

Wir saßen meist in Berts Zimmer, das lag neben dem von Oma Gertrud, die öfter mal reinschaute, «Na, Phil» sagte, und fragte, ob wir Kuchen möchten und nicht mal lüften wollen. Berts Zimmer war beherrscht von Musikanlage, Mischpult und einer bemüht exklusiv gehaltenen Plattensammlung. An der Tür

hing ein Din-AO-Blatt, das als Gästeliste diente. Es war schick, sich nicht mit den echten, in der norddeutschen Tiefebene beliebten Vornamen einzutragen, sondern mit selbst vergebenen Spitznamen wie «DJ Sam» oder «The great pretender» oder «Fromms».
Bert trug damals häufig so ein Priesterhemd mit weißem Krageneinsatz, das er auf dem Flohmarkt ergattert hatte. Zuerst scratchte er wie wild auf Platten und verausgabte sich – einen Kopfhörer zwischen Ohr und Schulter geklemmt – am Mischpult. Wahrscheinlich fühlte er sich als Priester einer gedachten Tanzfläche, solche Bezeichnungen mochten wir damals sehr. Ich tat, als hörte ich gern, was Bert da an Geräuschkulisse aufbaute.
Wenn er aus seiner DJ-Trance erwacht war, erzählten wir uns auf dem Boden sitzend, was wir Neues gelesen hatten über Manchester und wo sonst noch Musik gemacht wurde, die uns gefiel. Dazu tranken wir warmen Kakao aus achteckigen schwarzen Tassen und am Wochenende Bier.
Das hier war eine Welt in der Welt, nicht jeder hatte Zutritt, weil nicht jeder arme Tropf berechtigt war, mitzumalen an dem Bild, das wir uns von der bald beginnenden Ewigkeit machten. Wir wussten zwar auch nicht so genau, wie es letztendlich aussehen mochte, aber das ahnte ja niemand. Alles passierte einfach, wir waren mittendrin und haben nicht weiter drüber nachgedacht. Wir waren uns einig, das reichte schon.
Leider klappte das mit dem Zusammenziehen dann doch nicht. Bert verschlug es in die hessische Provinz, ich landete viel weiter nördlich. Wir waren aus der Ewigkeit gefallen, in die Zeit, patsch. Und das Gemeine daran war, dass nicht wir es waren, die uns dorthin manövriert hatten, sondern dass die Zeit, die Umstände uns fortgetragen hatten.
Seit wir nicht mehr nur eine Radtour voneinander entfernt wohnen, sind die Treffen deshalb so tröstlich und berauschend,

weil das Früher immer noch gegenwärtig ist und uns verbindet. Bert trägt zwar inzwischen Pullover aus dem Replay-Laden statt Priesterhemd vom Flohmarkt, aber er schleppt einen Schatten hinter sich her, der besteht aus Gefühlen und Bildern, aus dem, was wir früher waren und gehofft haben.

Obwohl Bert inzwischen einigermaßen in der Nähe wohnt, ist es schwierig, sich mal einfach so zu treffen. Genauso wie mit einigen anderen Freunden – selbst Einladungen zu Geburtstagen sind plötzlich eine Art gesellschaftliches Roulette-Spiel, vom Einsatz bekommt man nur 50 Prozent zurück. Der Rest sagt ab, weil ihm das Wochenende zum Feiern zu schade, die Vorstel-

lung, auf einer Isomatte zu übernachten, zuwider oder das Kind von den Großeltern hüten zu lassen unmöglich ist. Spontaneität war gestern, zwei Stunden Zusammensitzens gehen mehrere Telefonate voraus, das funktioniert wie früher immer die Kaffeeklatsch-Verabredungen meiner Eltern mit dem befreundeten Paar Christa und Franz-Josef. Wie diese 2 × 2 Personen, sind auch Bert und ich nun meist zu viert, wenn wir uns treffen. Zwei sitzen händehaltend auf dem Sofa und zweimal einer kurzzeitig voneinander isoliert auf Stühlen, weil der Gastgeber sich noch kein zweites Sofa leisten kann. Dafür brennt eine Kerze im Windlicht auf dem Couchtisch, und das ist ja auch sehr romantisch. Gerne nutzt man die Gelegenheit, sich einen Kinofilm anzusehen, und trifft sich kurz vor Beginn der Vorstellung in trauter Pärchenrunde. Nach dem Abspann nimmt man noch ein Bier zusammen und zerstreut sich wieder. Zählen tut das nicht so recht.

Als Junggesellenabende, wie man sie in den TV-Werbefilmen zahlreicher Biermarken in Szene gesetzt bekommt, muss man also die Gelegenheiten bezeichnen, bei denen wir wie früher allein zusammensitzen und stilecht auf dem Boden statt auf dem Jungfamilien-Polstermöbel hocken.

Wenn wir dann unser heutiges Los beklagen – lange Arbeitszeiten, berufliche Reibereien und Beziehungsstress, ist es tröstlich, dass wir das Jetzt immer noch mit der Zeit in Berts Jugendzimmer vergleichen. Es ist also noch nicht der Normalzustand, mit dem wir uns abgefunden hätten, und wenigstens für die Dauer eines Gesprächs besteht die Hoffnung, noch könnte alles besser werden.

Vielleicht so, wie wir's uns damals gewünscht haben.

Eine Frau tropft Tränen in die Tastatur

Ich habe da eine eigene Welt-Schmerz-Theorie, die besagt, dass das ganze Herzeleid mindestens der westlichen Welt im Wesentlichen darauf zurückzuführen ist, dass Frauen unfähig sind, Liebesbriefe wegzuwerfen.
Effi etwa. Fontanes Effi. Die arme Effi Briest. Die Frauen der westlichen Welt belegen Deutsch Leistung (ohne dass daraus eine weitere Theorie abzuleiten wäre). Ihnen muss ich Effis Geschichte nicht erzählen. Für Männer also: Effi war so eine ganz Junge, jünger noch als 30, natürlich-penatencremig, von nichts eine Ahnung, dabei süß und lieb und aus gutem Hause; eine Frau, wie ihr sie immer auf euren Wunschzettel unter «Er sucht sie» in die Tageszeitung setzt. Diese Effi heiratete einen deutlich älteren, preußisch-unentspannten Herrn Instetten. Eine Vernunftehe. Effi wurde dann auch ein ganz klein wenig unvernünftig und tändelte mit dem schneidigen Herrn Crampas. Der ihr Liebesbriefe schrieb. «Leichtsinn ist das Beste, was wir haben. Alles ist Schicksal. Es hat so sein sollen. Und möchtest du, dass wir uns nie gesehen hätten?» Und so weiter und so fort, ein Blablabla und Tirili. Indes, man liest es gerne und gerne immer wieder. Sechs lange Jahre verwahrte Effi die Liebesbriefe in der Schublade ihres Nähtischchens. Dort fand sie Instetten, als er Verbandsmull suchte; ein kleines, mit rotem Faden zusammengebundenes Paket, «das mehr aus einer Anzahl zusammengelegter Zettel als aus Briefen zu bestehen schien». Aber ach, wie viel Leid und Tod brachte diese Loseblattsammlung. Instetten forderte Crampas zum Duell, erschoss ihn, verstieß Effi, die wenig später pflichtgemäß starb. Man weiß nicht mal zu sagen, wer am Ende besser dran war: die unglücklichen Toten oder die Unglücklichen. So ein Unglück, bloß weil

Frauen ihre Liebesbriefe aufbewahren. Und vielleicht ein ganz klein wenig schlampig sind.
Karin vergaß Jochens aktuellen Liebesbrief auf ihrer Plastikschreibtischauflage. Dagegen ist zunächst nichts zu sagen – wenn Karin mit Jochen und nicht mit Markus ein offiziell anerkanntes Paar gebildet hätte. Weil es aber anders war, besaß Markus, nicht Jochen, den Schlüssel zu Karins Wohnung. Die er aufschloss. Sehr ungelenk, weil ihn die als Begleitung seines Heiratsantrags gewiss ein wenig einfallslosen, aber gut gewachsenen und ebenso gemeinten langstieligen Rosen immerzu in die Armbeuge piksten und ihr Vasenwasser auf den Rücken seiner Hand mit dem Schlüssel tropften. Karin war nicht zu Hause. Das hatte er erwartet. Markus stellte die Rosen in eine Vase und diese auf den Schreibtisch, wo sie immer noch stand, als Karin heimkam. Da war er schon fort. Markus sagt, er werde nie mehr eine Frau bedenkenlos lieben. Karin sagt, sie werde sich nie mehr auf eine Dreiecksgeschichte einlassen. Sie weint recht viel. Vor allem kurz vor dem Einschlafen, wenn sie sich allein im Bett streckt, das auch Jochen nicht mehr durchliegen mag. So viel Tragik, bloß weil Frauen keine Liebesbriefe wegwerfen.
Meine Liebesbriefe ruhten bis vor wenigen Stunden in einem pinkfarbenen Hartplastikeimer, der so aussieht wie die Mülltonne, in der Oskar aus der Sesamstraße wohnt. Nur kleiner, mehr ein Eimerchen, tatsächlich ein sehr kleines Eimerchen. Dieses aber doch so voll, dass es den Deckel nach oben beulte. Auch ich hatte, wie Effi, die Briefe mit Schnüren zu Paketen gebündelt, pro Liebenden ein Bündel, pro Bündel ein Beweis. Für meine Anziehungskraft, meinen Liebreiz, meine (temporäre) Macht über wenigstens einen Mann. Ich las sie, wenn ich traurig war, frustriert oder betrunken; ich las sie, wenn ich nicht die sein wollte, die ich gerade war, oder bloß schlaflos. Ich las sie nicht so oft, wie man sich das jetzt vielleicht vorstellt. Zumeist reichte es mir zu wissen, dass sie da, dass sie im Eimer waren. Der Eimer ist leer jetzt. Bar-

bara, meine Putzfrau, hat ihn für das gehalten, was er zu sein vorgab. Die Müllabfuhr hat den Rest besorgt, hat geschreddert und verbrannt, was mich im Alter wärmen sollte. Ich tropfe Tränen auf meine Computertastatur, Barbara tränt in den Putzeimer. So viel Leid, nur weil sich Frauen nicht von Liebesbriefen trennen wollen. Und meine Putzfrau mit mir fühlt.

Ich habe da noch so eine Nein-das-schmeiß-ich-nicht-weg-Theorie. Die besagt, dass Frauen neben Liebesbriefen eine absurde Auswahl greiser Dinge aufbewahren, weil sie sonst im Alter, ab 30 also, nicht glauben würden, dass sie wirklich einmal zwei und acht und 17 waren. Und wie sie waren. Und wie sie fühlten. Dass sie Oliven hassten, die sie heute lieben. Dass sie ein Zungenkuss anwiderte, nicht aber Rick Astley. Die Dinge beweisen es ihnen. Und anderen. Wenn du sie anfasst, tragen sie dich fort; uns Frauen zurück in eine Zeit, in der unsere Kühlschränke noch so voll waren wie unsere Herzen, weil die einen unsere Eltern, die anderen sich von selber füllten.

Susa hütet einen Atlas. Darin warten unsere Brüder und Schwestern im Osten, dass sich der Eiserne Vorhang hebt. Susa schmeißt ihn nicht weg, weil Susas Vater Susa den Atlas schenkte. Er starb, bevor es die DDR tat.

Claudia behält alle Hörspielkassetten, darunter die von Elliot, dem Schmunzelmonster, von Bernhard und Bianca, der Mäusepolizei, von den drei ??? und TKKG. Sie wirft sie nicht weg, weil sie sie braucht. Weil Elliot und Bernhard und Bianca die erwachsenen Sorgen aufessen, die Claudia in die Nase beißen, wenn sie doch eigentlich schlafen will.

Petra verwahrt ein schlechtes Gedicht aus dem Jahre 1987. «Die Petra liebt den Holger/der Holger liebt auch sie/doch wenn sie jetzt nicht bald was sagt/dann schaffen sie es nie.» So beginnt es. Es folgen zwölf lachhafte Strophen. Und so hört es auf: «Doch Petra, es ist nicht zu spät/du musst jetzt mal was machen/ruf nun endlich bei ihm an/er wird dich nicht auslachen.» Ich geb zu, ich hab's gereimt. Im Gemeinschaftskundeunterricht. Petra wirft es nicht weg, «weil das nicht geht».

In Karins Schreibtischschublade schlafen 40 Bogen Briefpapier fast so lange wie Dornröschen. Eine Freundin, an deren Namen sie sich nicht mehr erinnert, übergab sie ihr zur Konfirmation. Auf jedem dieser 40 Bogen wiegt ein junger Mann mit nacktem Oberkörper ein windeliges Baby in den Armen, weich gezeichnet in der rechten oberen Ecke. Damals erschien Karin das Papier zu schade zum Beschreiben. Sie wirft es nicht weg. Sie sagt, sie wisse nicht, warum nicht.

Ich weiß.

So viele Kisten voller Krempel, bloß weil Frauen sonst vergessen könnten, dass und was und wie sie waren, als sie zwei und acht und 17 waren.

Ein Mann bewahrt Gegenstände auf, will das aber gar nicht

Schön, was heißt denn schon schön. Einige Dinge sind, wenn überhaupt, höchstens im Rückblick schön, wenn das Gestern leise rüberruft und man es kaum versteht. Schön konnte man zum Beispiel den Geruch wirklich nicht nennen, der in jenem Frühling sonntagmorgens in Christians Zimmer hing. Ein Geruch nach belegter Zunge, Fetenschweiß, Dönerdunst und Kippenrauch. In diesem olfaktorischen Nachspiel einer durchzechten Nacht wachte Christian auf, wenige Stunden nachdem er aufgehört hatte, sich alle Mineralien auszuschwemmen, und dachte sofort: «Fußball spielen.»

Die Zeiten waren hart vor 12 Jahren. Samstagabend feierte man, Sonntagmittag bolzte man, das war so. So schön. Für Christian jedenfalls, der hatte nämlich gerade mit Freunden eine Mannschaft gegründet – aufgemacht, wie wir damals sagten. Das Team trug den Namen «SFN Vechta IV», und die ersten drei Buchstaben standen für Sportfreunde Niedersachsen. Christian hatte die Geburt dieser Truppe während der Treffen, die den samstäglichen Feiereien vorausgingen, immer stark vorangetrieben und demjenigen zugeprostet, der dabei sein wollte. Jeden Samstag erinnerte er nun seine Kameraden ans morgige Spiel, vergesst das bloß nicht, und wenn sie sagten, nee, vergess ich nicht, prostete er ihnen zu. Er prostete vielen zu.

Trotzdem standen sonntagmittags oft nur sieben oder acht Leute auf dem Platz, weil die anderen nicht aus dem Bett gekommen waren. Zu vergesslich, zu fertig, zu müde, zu blau. Christian dagegen stand immer auf dem Platz, aber weil man zum Fußballspielen nun mal elf Leute braucht und die gegnerischen Teams sich auf Absprachen gar nicht erst einlassen wollten, verlor er mit den geschwächten Männern nicht selten

zweistellig. Eigentlich keine Schande unter diesen Umständen, für Christian aber schon, denn gegen Varenesch, Lüsche oder Rechterfeld verliert man nur ungern, schön ist das nicht.
Christians sportliches Engagement zog das finanzielle seines Vaters mit sich. Der betreibt ein Versicherungsbüro und hatte die wenig werbewirksame Elf, Verzeihung: Acht, in blinder Vaterliebe mit Trikots gesponsert. «Continentale» stand auf den Shirts. Wie bei Borussia Dortmund, wo damals Leute wie Chapuisat, Povlsen oder Riedle aufliefen. «Wir hatten die geilsten Trikots der Liga», sagte Christian neulich noch. Und ich verkniff mir zu sagen, dass das in der Kreisliga C auch nicht so schwer ist.
Christian bekam zu der Zeit Probleme mit dem Knie. Rennen, Schießen und das alles ging nicht mehr so gut. Der Arzt stellte fest: Kreuzband und Außenband stabilisierten das Gelenk nicht mehr. Mit Fußball war's vorbei. Und dass HSV-Spieler Karsten Bäron eine ähnliche Verletzung hatte, tröstete Christian nicht.
SFN Vechta IV löste sich bald auf, der Käpt'n war von Bord gegangen, Samstagnacht hatte Sonntagmittag besiegt. Die Trikots wurden unter den Spielern verteilt, zum Andenken. Christian bekam keines, nicht mal seines mit der Nummer 3, er war ja nicht da. «Ich weiß nicht, welcher Sack das eingesteckt hat», sagt er. Ziemlich sauer, jawohl, das gibt er auch zu. Berechtigterweise sauer, denn so musste er einem Mitspieler dessen Trikot abkaufen. Nummer 13 verlangte 20 D-Mark dafür. Nicht gerade schön, für Erinnerung bezahlen zu müssen. Aber was soll's, Nummer 13 wollte auch leben.
Schön dagegen ist, dass das Trikot nun gewissermaßen das Herzstück von Christians Andenken-/Nostalgie-/Wehmut-Karton ist, den er in einem Regal im Schlafzimmer lagert. Im Prinzip ein Biografie-Museum, eine Geschichtensammlung, ein persönliches Ramsch-Lager. Ich sage das jetzt ein bisschen ver-

ächtlich, weil ich mich schützen muss gegen die Geister all der Briefe, Fotos von Kleinstadtrebellen auf Klassenfahrt, Platten und des sonstigen Strandguts, das ich selbst im Kinderzimmer-Schreibtisch meines Elternhauses aufbewahre. Ich brauche das alles eigentlich nicht, ich mag mir das nicht angucken und an früher denken, das ist so schnulzig, gruselig sogar, es zieht einen runter. Ich muss dabei immer an einsame Außenseitermädchen denken, die an trostlosen Wochenenden ihren mit Blümchentapete bezogenen Biographiesarg aufmachen, in den dort abgelegten «Meine-Schulklasse»-Bänden blättern, «Neverending Story» von Limahl hören und dazu Wein trinken. In meinem Leben passiert derzeit genug, da muss ich nicht nach rückwärts gucken. Als ich neulich mein Abizeugnis gesucht habe, bin ich auf das Zeugs gestoßen, es war fürchterlich. Ich kam nicht in schwelgerische Stimmung, bin auch nicht aus alten Poesiealben rezitierend zu meinen Eltern gerannt, um sie zum Weinen zu bringen.

Ich hab nur «O Gott» gedacht. Und «Oje». Und meistens «O nein». Nicht schön. Gut, dass ich nie Tagebuch geführt habe. Ich bin dafür, dass man Erlebnisse von früher für sich verklären soll; wenn die Erinnerung daran wiederkommt, dann kommt sie eben. Schulzeit ist in solchen dem inneren Auge vorgeführten Weichzeichnerfilmen immer schön, weil man die Albträume vor Mathearbeiten und die bescheuerten Lehrer vergisst. Partys sind super, weil man an die Gespräche mit Mädchen denkt und nicht an die Morgen danach. Ja, und Fußballsonntage sind Kameradschafts-Mythen, weil man nicht mehr an den dicken Kopf denkt, mit dem man aufgewacht ist. Jede dokumentarische Wiederbegegnung ist dagegen unromantisch, weil zu unmittelbar.

Ausmisten kann ich diese Sachen aber auch nicht. Hänge ich wahrscheinlich doch dran.

Neben dem Trikot, diesem rückblickend zumindest semipoe-

tischen Erinnerungsstück an Fußballspiele im Nachsuff, hütet Christian in seinem Karton auch Poster von Gruppen mit eher prosaischen Namen wie Slime, Abwärts oder Normahl. «Das zeigt, wie man so drauf war», findet er. Und zählt dazu auch den roten Notfallhammer, den er mal aus einem Bus geklaut hat, der uns samstags zu entlegenen Partyhütten fuhr. Kaum ein Bus hatte damals noch einen Notfallhammer. Die waren sehr beliebt, ich hab mich nie getraut, einen abzumachen. Außerdem in Christians Karton: Die Citizen-Uhr, die er zur Kommunion bekam, Briefe, ein ausgerissener «Willst-du-mit-mir-gehen»-Zettel mit drei Ankreuzmöglichkeiten, von dem er nicht sagen will, wer ihn abgeschickt hat. Der Schlüssel zum Volvo, den seine Eltern fuhren, als er Führerschein machte, «das erste Auto, mit dem ich nach der Fahrschule selbst gefahren bin».
Faszinierend finde ich, dass viele Erinnerungsladen von Freunden ständig Neuzugänge verbuchen. Das erste Handy etwa. Oder Busfahrkarten aus dem ersten Semester. Oder den von Freunden gebastelten Doktorhut zum Abschluss der Dissertation. So auch bei Christian. Er archiviert Semesterausweise der Humboldt-Uni Berlin und eine Rechnung der Gas AG Berlin. Dynamik des Erinnerungssammelns. Ganz schön kitschig.
Warum er das nicht alles wegschmeißt, wenn er doch nur alle paar Jahre eher zufällig mal reinschaut in den Karton? «Kann ich doch ruhig aufbewahren, frisst ja kein Brot», sagt er. Und das ist ja auch wieder wahr.

Eine Frau bewundert einen Schottenrock

«Aggressionsstau» nennen es die Psychologen und meinen damit, dass eine bereits vorhandene psychische Erregung den Ausbruch von Aggressionen entscheidend fördert.

Ich war tatsächlich sehr erregt, schon als ich aufwachte – psychisch, Mann! Denn heute war Jahrgangstreffen. Zehn Jahre nach dem Abitur würde ich sie wiedersehen. Die Netten, die Neider, die Blöden, die Blassen, die Kaputten, die Kumpel. Die, deren Namen ich mit Schweizer Messern in Tischplatten geritzt hatte. Die, die ich mit Schweizer Messern am liebsten aufgeschlitzt hätte. Und Nicole.

Schon in der Unterstufe wünschte ich mir Nicole zur Freundin. Weil sie ein Pony besaß. Das mit der Freundschaft kam deshalb nicht recht voran, weil wir in Parallelklassen gingen und nur in Handarbeiten zusammensaßen. Dort erschien Nicole mit immer neuen Blessuren, einmal sogar mit Gipsarm. Über drei Ecken erfuhr ich den Grund: Karl. Ihr Pony. Karl warf seine Reiter gerne ab. Keiner hielt sich lange auf seinem Rücken. Da fand ich Nicole nicht mehr so attraktiv. Schließlich bekam ich selbst ein Pony, und Nicole wurde uninteressant. In der Mittelstufe freundeten wir uns trotzdem an. Weil wir uns beide um Stefan sorgten. Kein Pony. Ein Schulkamerad. Erst ging ich mit ihm (ohne Küssen), dann Nicole (mit Küssen). Er trank Bier und rauchte schon mit 13 Joints. Wir fürchteten, es würde ihn töten. Das verband. Kurz darauf flog er von der Schule, wir sahen uns nicht mehr. Als Stefan wenige Jahre später an einer Überdosis Heroin starb, hatten wir schon lange nicht mehr an ihn gedacht. Er war der erste Tote unseres Jahrgangs.

Meine Beziehung zu Nicole glich dem fiebrigen Dax. Lange Zeit ging's aufwärts, dann wieder steil bergab. Nicole sagte mir zunächst nie, warum unsere Aktien an Wert verloren. Sie wendete sich einfach ab. Ich musste baggern und baggern und baggern, manchmal monatelang, bis sie mir erzählte, warum sie sich über mich geärgert hatte. Kleinigkeiten, fand ich. Doch weil ich Gefühle immer langfristig investiere, bat ich um Vergebung. Und stand wieder hoch im Kurs. Hausse und Baisse, so lief es über Jahre, durch die Oberstufe, durchs Studium, bis zu meinem Examen. Bis zum letzten Kurssturz. Wieder baggerte ich, schrieb Briefe, sprach zigmal auf ihren Anrufbeantworter. Nichts. Nicht mal eine Bankrotterklärung. Ich gab auf, meldete mich nicht mehr, ließ unsere Freundschaft Konkurs gehen. Tat weh. Blöder Witz: Nicole arbeitet inzwischen als Börsen-Brokerin.

Heute nun war Jahrgangstreffen, und ich würde Nicole wiedersehen. Ich stand früh auf, wusch mir die Haare, packte Garderobe für den Abend ein und stieg in den Zug nach Hause. Susa holte mich am Bahnhof ab. Wir fuhren zu ihr, heißt: in das Haus ihrer Eltern. Uns blieben noch vier Stunden. Zu Beginn dieser vier mal 60 Minuten waren wir zwei berufstätige Frauen im Freizeitlook, relaxt, abgeklärt. Gegen Ende der Vier-Stunden-Frist drängten sich zwei gut geschminkte Schulmädchen vor dem Badezimmerspiegel, erwartungsvoll, 17-jährig. Und in Susas Elternhaus hing der Duft eines spätsommerlichen Samstagabends auf dem Land, der Duft von Heu und Hekatomben-Haarspray.

Wir fuhren los, ins Vorvorgestern. So dachte ich, sah mich aber schnell im Jetzt, als wir dort ankamen, wo uns das Festkomitee «Abi 90» hinbestellt hatte: ein Dorfgemeinschaftshaus, darin eine Musikanlage, ein kalt-warmes Buffet, gedeckte Tische für je sechs Mann. Früher hatten wir in Grillhütten gefeiert, statt des Buffets hatte es bunte Schnäpse gegeben, Servietten hatte niemand gebraucht, und von den Stühlen wären wir eh nur runtergefallen. Vorbei.

Ich war nervös, wollte nicht essen, bloß rauchen. Wollte nicht an dem Tisch sitzen, an den mich Karin winkte. Denn dort saß sie auch – Nicole, die mich blöde anschaute. Hier brachen sich die Aggressionen Bahn. Ich rastete aus. Schaute stur an Nicole vorbei, blökte Karin an, an diesen Tisch setzte ich mich nicht und wenn's der Letzte wäre. Jetzt sei endlich Schluss, ich würde keinem mehr hinterherlaufen. Die Zeiten wären vorbei, aber so was von passé. Man solle mich bloß in Ruhe lassen. Nun schauten alle am Tisch so blöde wie Nicole, nur Nicole nicht. Die schaute weg. Ich wusste: Hier, zwischen gedeckten Tischen, diverse Nudelsalate und Schweinenacken im Rücken, hatte ich gerade ein halbgares Stück Jugend weggeworfen. Wie wohl das tat.

Befreit von Aggression und einer Altlast, setzte ich mich an den nächstbesten Tisch, trank wenig Wasser, sehr viel Wein und sammelte folgende Erkenntnisse:

1. Ich rauche zu viel. Alle Schulkameraden rauchen mittlerweile weniger oder haben es aufgegeben.
2. Es gibt zig absurde Möglichkeiten, Lebenszeit zu verschwenden.

Astrid ist Fooddesignerin und entwirft für einen Fruchtgummihersteller Lakritzfahrräder, Himbeerhexen und Turnschuhe, die nach ich-weiß-nicht-mehr schmecken. Stefan untersucht den Stoffwechsel von Wattwürmern, so traurige Sandbohrer ohne Gesicht und Verstand. Zur Belohnung bekommt er irgendwann den Doktortitel. Maja organisiert Turniere in Sackhüpfen, macht Eierlauf, gibt die «blinde Kuh» auf offenem Meer – als Kinderanimateurin in der Crew des Traumschiffs «Aida». Karin sitzt für die CDU im Kreistag. Uwe sägt angekettete Atomkraftgegner von Eisenbahnschienen, als Polizist nämlich.

Was ist nur aus uns geworden?

3. Ich brauche ein neues Gedächtnis. Von unheimlich vielen Schulkameraden fällt mir der Name nicht mehr ein.

4. Glaub bloß nicht, dass du der Einzige bist, den Jahre und Umstände verändern.

Bernd zum Beispiel. Der haftete am äußersten Rand meiner Erinnerung als sauber geschrubbter, heimatverbundener Blonder, der nie durch irgendwelche Begabungen aufgefallen war, höchstens dadurch, dass seine Freundinnen, von denen er sich herumschubsen ließ, immer vom Typ Hauswirtschaftslehrerin waren. Auch dieser Bernd kam zum Klassentreffen – im Schottenrock. In der Heimat des Rocks habe er Meeresbiologie studiert und hänge dort seinen Doktor dran, erzählte er. Und dass er Unterhosen unterm Rock trage, an hohen Feiertagen noch ein Messer im Strumpf, und mit einer Schottin in einer Holzhütte am Meer wohne. «Nur Wind und Wellen, sonst hörst du nichts.»
Oder Markus. Der rannte immer hinter den Mädchen her, bekam aber nie eine zu fassen, weil er langsam und linkisch war. Einmal besuchte er mich, einen Cowboyhut auf dem Kopf, ein Halfter um die Hüften, darin zwei Colts aus Legosteinen. Wir waren 15! Die Nachbarn sahen ihn vor der Türe stehen. Mit gezogenen Pistolen. Gott, wie peinlich. Direkt nach dem Abi heiratete Markus und wurde Vater. Was haben wir gelästert, als sich das rumsprach. Von wegen «erster Schuss ein Treffer», «anatomischer Analphabet», so in die Richtung. Irgendwann hieß es, die Scheidung sei durch. Zum Klassentreffen erschien Markus ohne Cowboyhut, mit breiterer Brust und in Begleitung. Welcher Escort-Service führt diese Qualität, fragte ich mich. Typ Hamilton-Mädchen, blond, Rosenblatt-Wangen und -Lippen, sehr sympathisch. Und offensichtlich in Markus verliebt. Früher hätte er für so etwas gezahlt.

5. Alexander war immer noch der schönste Mann des Jahrgangs.
6. Niemand übergab sich, keiner knutschte. Das hatte ich anders in Erinnerung.
7. Wie alt du geworden bist, siehst du erst an den anderen.

Jaja, weiße Haare, Falten, Augenringe, all das hatte ich schon an mir bemerkt, dabei aber den gereiften, knapp 30-jährigen Gesamteindruck übersehen. Den sah ich jetzt, an Karin, Nicole, Bernd, Markus und so weiter. Ärgerlich: Den Jungs steht er viel besser als den Mädchen. Gott ist ein Mann, dachte ich, und das ist seine späte Rache für die frühen Jahre, in denen wir Mädchen gleichaltrige Jungs indiskutabel, weil zurückgeblieben fanden. Bald, dachte ich, werden ebendiese Jungs uns gleichaltrige Mädchen indiskutabel, weil fortgeschritten finden. Da nahm ich mir vor, zum 30-jährigen Abi-Nachtreffen nicht zu erscheinen. Ich wollte denen, die mich mal begehrt hatten, begehrenswert in Erinnerung bleiben, und nicht als eine, die ihr Verfallsdatum überschritten hat.

Mein Freund Thomas, 51, war beim 30-jährigen Nachtreffen seines Abiturjahrgangs. Und all die Frauen, die er mal auf die Rückbank seines R1 gewünscht hatte, waren auch da. «Bloß hab ich die nicht mehr wiedererkannt, die mich aber schon», erzählt Thomas. Stressig sei's gewesen, weil alle wollten, dass sich der schöne Thomas, immer noch unverheiratet, an ihren Tisch setzte, auf dass man sich gemeinsam an Weißwein und «Weißt du noch» besaufe – und die Sache mit der Rückbank überdenke. Da hat er erzählt, dass seine Freundin 20 Jahre jünger ist. Die Stimmung war im Eimer.

Der Thomas, der zu meinem Jahrgang gehört, kam auf meinem Abi-Nachtreffen zu mir an den Tisch und sagte, ich sei «noch schöner» geworden. Da fand ich den Abend doch recht gelungen. Später schoben wir die Tische zur Seite und die Regler der Stereoanlage nach oben. Jemand verteilte Flaschenbier. Susa, Karin, Astrid und ich hakten uns unter und sangen «Tell me why I don't like Mondays». Doch über unsere Jobs sprachen wir nicht mehr.

Irgendwann war Nicole verschwunden. Ich habe sie nicht gehen sehen.

Ein Mann zwischen «Yesterday» und «Let it be»

Klassentreffen ist entweder «Yesterday» oder «Let it be», nostalgisches Besoffensein oder ausweglose Ernüchterung.
Am Samstag, Stunden vor der eigentlichen Zurück-in-die-Gegenwart-der-Vergangenheit-Veranstaltung trafen wir uns zum Vorglühen in der Kneipe, in der wir früher oft gesessen haben. Ich war mit Uwe gekommen, wie jeder mit denen kam, mit denen er immer noch befreundet ist. Uwe stach aus der Gang heraus: Neue Klamotten, fesche Frisur, einparfümiert – der Soundtrack zu seinem Tag sollte «Disco 2000» von Pulp sein: Mann trifft Frau nach x Jahren wieder.
Seit Wochen schon hatte Uwe sich in strenger Askese auf das Wiedersehen mit Susanne vorbereitet. Seine Ernährung folgte der Max-Planck-Diät, die er im Internet gefunden hatte. Wir kauften zusammen Hose und Schuhe für ihn und ein Sweatshirt von Joop. Allein kaufte sich Uwe später Haarwachs und Parfüm. Das Leben nach Plan hatte Erfolg, Uwe speckte zwölf Kilo ab. Am Tag vor der Party surfte er auf die von den Organisatoren eigens eingerichtete Homepage unseres Abi-Jahrgangs; Susanne hatte sich dort eingetragen, und alle aufgezählt, auf die sich sich besonders freut. Uwe war darunter. Es konnte nichts schief gehen.
Wir saßen also zusammen, und es war ein bisschen wie früher. Wir stießen die Gläser aneinander und sogar die Bedienung kannte uns noch. Beim Sektempfang in der Aula unserer alten Schule war dann alles eher steif und gezwungen. Wir, die wir uns schon warm geredet hatten, waren dagegen sehr locker: Verbrüderungen. Erinnerungen. Lästerei – dieses Jungens-Ding eben. Uwe wirkte verkleidet zwischen den anderen, die sich zum Großteil Mühe gegeben hatten, nicht fein gemacht zu wirken. Von Susanne keine Spur.

Ich machte Witze über die Situation, Uwe nahm sich noch einen Sekt und hielt sich abseits, weil er meinte, mit uns Chaoten stehe er heute noch genug rum.
Die Hütte, in der die Feierei steigen sollte, lag einige Kilometer außerhalb. Wir fuhren mit dem Bus vom langweiligen Vorgeplänkel in der Schule direkt dorthin. Susanne ließ immer noch auf sich warten. Der Erste, den ich dort traf, war mein ehemaliger Tischnachbar Müller (wir Dorfjungen reden uns meist mit Nachnamen an. Erst wenn wir richtig dicke Freunde sind, wagen wir uns an den Vornamen).
Müller trug ein Schalke-T-Shirt mit der Aufschrift «Und wir haben ein Idol – Harald Juhnke». Müller war wie früher. Fast jedenfalls, er hatte jetzt Frau und zwei Kinder. Er erzählte mir, dass er als Fluglotse bei der Bundeswehr arbeite und schon ein Haus gebaut habe. Aber das war egal. «Wir hüpften bisschen voreinander rum, Herzlichkeit entstand, gemeinsames Erleben des Erlebnisses der Freundschaft, und drifteten dann wieder fröhlich auseinander», geht eine Stelle in Rainald Goetz' Erzählung «Rave». So war das auch bei uns.
Als es schon recht spät war, kam Susanne doch noch. Direkt von der Autobahn, aus Duisburg, dort studiert sie. Es war zu spät: Uwes Haare waren längst zerzaust, sein Sweathirt fleckig. Ich glaube, sie haben sich bloß kurz gegrüßt und sich dann gar nicht mehr unterhalten.
Ich habe an diesem Abend lange mit Sabine geredt (Mädchen nennen wir Dorfjungen beim Vornamen). Sabine hatte früher einen asymmetrischen Haarschnitt und ließ im Ohrläppchen auf der kürzer geschnittenen Seite so ein langes Etwas baumeln, das sie beim Vorlesen im Deutschunterricht immer festhielt. Sie trug eine Brille und fand «First Time» von Robin Beck ganz toll.
Ich fand Sabine damals doof. Verwirrend: Sabine entsprach nun gar nicht mehr dem Bild, das ich von ihr gespeichert hatte.

Sie ist Psychologin in einem großen Unternehmen und seufzt immer ganz sympathisch, wenn sie einen Schluck aus der Flasche genommen hat. Es wurde spät, und ich wollte mich bei ihr entschuldigen. Für mein Bild von ihr.
Aber dazu kam's nicht mehr. Müller tippte mir auf die Schulter, seine Frau hole ihn ab, ob ich mitwolle. Ich nickte, setzte mich auf den krümeligen Beifahrersitz der Müller'schen Familienkutsche. Die ganze Fahrt über starrte ich auf den Aufkleber am Handschuhfach: «Kippe aus, Schnauze halten, anschnallen.»
Am nächsten Morgen rief mich Uwe an. Er hatte ein kratzige Stimme, sagte oft «Ogottogott» und manchmal auch gar nichts und kündigte schließlich an, er werde jetzt angeln gehen. Und nachdenken.
Ich mag Uwe.

Eine Frau lässt das Qui durch die Lieberzone fließen

Nun also stellt Claudia jeden Abend nach der Doppelkinn-Gymnastik einen Stuhl vor das Fußende ihres Doppelbettes. Dann erst legt sie sich schlafen. Erst dann darf auch Martin schlafen. Der Stuhl blockt das Qui ab, das ohne Stuhl über das Bett zum Fenster strömen würde, und das sei nicht gut. Sagt Claudia, sagt der Feng-Shui-Berater, der Claudias Schlafzimmer Qui-mäßig gecheckt hat.

Im Schlaf, sagt der Feng-Shui-Berater, sagt Claudia, könne man sich dem negativen Sha nicht entziehen, deshalb sei es gerade im Schlafzimmer wichtig, dass hier die positive Energie Qui sanft fließen könne. Darum gehorcht Claudia im Bett dem Feng-Shui-Berater.

Den Goldrandspiegel von ihrer Oma, der darüberhing, hat sie heruntergenommen, weil er die Energiebilanz verschlechtert. Der hohe Kleiderschrank mit den scharfen Kanten hockt nunmehr im Flur, weil hohe Möbel wach und scharfe Kanten Sha machen. In der rechten Schlafzimmerecke gegenüber der Tür steht jetzt ein Foto, auf dem Martin Claudia umarmt, weil die Ecke rechts gegenüber der Tür die Liebeszone sei und deshalb enorm wichtig für die Partnerschaft, sagt Claudia, sagt der Feng-Shui-Berater. Quimäßig, sagen beide, sei in Claudias Schlafzimmer nun alles sanft im Fluss.

Claudia ist aus der Kirche ausgetreten. Sie sagt, als moderner, aufgeklärter Mensch sei es ihr unmöglich, an «den ganzen Zauber» zu glauben.

Ein Mann wird sonntags von seiner Oma missioniert

Meine Oma ist eine Missionarin. Lange habe ich nicht gemerkt, dass sie mich missioniert, und als mir vor kurzem ein Licht aufging, war es schon zu spät. Jedenfalls: Heide kann ich nicht mehr werden, nie mehr im Leben, da ist meine Oma vor.

Nur, seit mir klar geworden ist, was da läuft, kann ich sonntagmorgens leider nicht mehr unvoreingenommen frühstücken. Ich unterstelle den alltäglichsten Sonntagmorgen-Gesten symbolische Bedeutung. Das ist verwirrend, denn bei katholisch erzogenen Menschen wie mir kommt schon einiges zusammen: Brot brechen, aus dem Kelch trinken, Abendmahl. Gegen halb elf, spätestens um elf ist mein allwöchentlicher Advent zu Ende. Statt Glockenläuten folgte dann das Schrillen des Telefons, aber das macht nichts, wir sind ja in Düsseldorf und nicht in Betlehem.

Wenn ich abgehoben habe, fragt meine Oma zuerst, ob sie stört. Dabei hat sie so einen Unterton, einen unterstellend-verdächtigenden Unterton, einen Ich-weiß-was-du-letzten-Sonntagmorgen-gemacht-hast-Unterton, sehr lustfeindlich jedenfalls.

Schlimm ist es, wenn ich sonntagmorgens zwischen halb elf und elf mal nicht zu Hause war. Dann hat meine Oma mit diesem Unterton auf den Beantworter gesprochen: «Ich störe sicher gerade», und dieses ‹gerade› unterstellt, dass ich zwar da bin, aber ‹gerade› nicht zum Telefon kommen kann. Am liebsten würde ich dann zurückrufen und ihr sagen: «Ich habe nicht gesündigt, ich war ‹gerade› echt unterwegs.»

Meine Oma liest mir jeden Sonntagmorgen die Kolumne von Franz Josef Wagner aus der «Welt am Sonntag» vor. «Der Wagner sieht zwar ein bisschen schmierig aus, ist aber ein toller Mann», sagt meine Oma, der schreibe auf, was sie denke. Einmal ist meine Oma so begeistert von einer Wagner-Kolumne gewesen, dass sie am Montag bei der «Welt am Sonntag» angerufen hat und ihn sprechen wollte. Am Apparat war eine Sekretärin. Sie sagte, meine Oma könne Herrn Wagner nicht sprechen, aber vielleicht einen Leserbrief schreiben. «Ich habe doch gar keine Schreibmaschine», hat meine Oma da gesagt und die Sekretärin gefragt, ob sie – meine Oma – ihr – der Sekretärin – nicht einen Brief diktieren könne. Sie wolle sich nur eben ein paar nette Sätze überlegen und in ein paar Minuten wieder anrufen. Aber die Sekretärin hat gesagt, sie habe keine Zeit, meine Oma müsse das schon selbst machen. Unter diesem Ereignis hat die Wagner-Begeisterung meiner Oma ein wenig gelitten.

Um halb elf bin ich übrigens früher immer in die Kirche gegangen. Es ist also nicht unwahrscheinlich, dass meine Oma bewusst regelmäßig genau um diese Zeit anruft.

Ich bin in einer sehr katholischen Gegend aufgewachsen, da konnte man als Pubertierender nicht einfach sagen, ich gehe jetzt nur noch in die Kirche, wenn ich das Bedürfnis dazu habe. Deshalb fand ich es zu Unizeiten immer interessant, wenn Kinder offensichtlich aufgeklärter Eltern berichteten, wie sie schon früh selbst über die Frequenz ihrer Kirchgänge bestimmten. Versteht sich, dass sie gegen null ging. Bei uns wäre so ein Verhalten eine ganz schlimme Sache gewesen, man war lieber nicht Rebell, sondern Diplomat. Man ging sonntagmorgens zur Kirche und traf dort einige Bekannte, mit denen man nach der Messe zusammenstehen und über den eben erst zu Ende gegangenen Samstagabend reden konnte, das war auch sehr nett.

Die Messen wurden damals meist von Pfarrer Kröger gelesen. Pfarrer Kröger, das traf sich gut, war zugleich mein Religionslehrer. Ich gebe zu, dass ich in der Kirche zwar hinten stand, zur Kommunion dann aber zu Pfarrer Kröger nach vorne kam. Bei Pfarrer Kröger hatte ich eine Eins in Religion.

Neulich bin ich Pfarrer Kröger wieder einmal begegnet, im Zeitschriftenladen, als ich zu Haus bei meinen Eltern war. Pfarrer Kröger sah mir auf die Finger, und ich fragte, was denn sei. Er suche einen Ehering, sagte Pfarrer Kröger, «bist du denn noch nicht verheiratet?» Als ich verneinte, schien er erstaunt und berichtete von ehemaligen Klassenkameraden, die schon vor einiger Zeit geheiratet hätten. Zugleich wirkte er merkwürdigerweise erleichtert. Wenn es so weit sei, sagte Pfarrer Kröger, dann werde doch wohl er derjenige sein, der die Trauung vollziehe. Ich gab ihm gerührt mein Ja-Wort und beschloss: Wenn Hochzeit, dann in Vechta.

Wenn meine Oma sonntagmorgens die Wagner-Kolumne vorgelesen hat, fragt sie mich, wie ich den Text finde. Es folgt ein Gespräch über Werte und Traditionen, an dessen Ende meine Oma mahnt: «Nimm doch einfach mal deine Freundin bei der Hand und geh zur heiligen Messe.» Variationen davon lauten so: «Denk auch mal an Gott», «Geh doch mal wieder in die Kirche» oder «Du weißt ja, wem du alles zu verdanken hast». Die Predigten meiner Oma haben eine sehr reinigende Wirkung, ich glaube, sie weiß das. Deshalb versucht sie nach den Mahnungen ganz schnell zum Abschluss zu kommen, damit ihre Sätze möglichst intensiv bei mir nachwirken.

Ich bin früher schon von ihr missioniert worden, noch direkter allerdings. Kurz vor Weihnachten musste ich mit ihr zur Beichte gehen. Es gab kein Entrinnen. Bloß: Was soll man als Zwölfjähriger sagen im Beichtstuhl? Als wir im Religionsunterricht das Thema Beichte behandelten, habe ich Pfarrer Kröger gefragt, ob ihm denn schon mal einer einen Mord gebeichtet habe. Selbst wenn dem so wäre, antwortete Pfarrer Kröger damals, dürfe er das nicht sagen, Beichtgeheimnis. Das hat mich sehr beeindruckt.

Weihnachten ist angenehmer geworden, seit ich nicht mehr beichten muss.

Aber bis Weihnachten ist noch Zeit. Davor kommt der Advent. Und so sitze ich jeden Sonntag und warte auf den Anruf. «Das

ist bestimmt deine Oma», sagt Sandra, wenn zur gewohnten Zeit das Telefon klingelt.
Und ich sage: «Ich glaube auch.»

TSCHÜSS

Eine Frau schneidet keine Eier

Der Eierschneider ist kaputt. Er wurde keine Stunde alt. Ich hab ihn kaputtgemacht. Bin drauf rumgesprungen, bis die Drähte rissen und der Plastiktorso in Stücke brach. Weil ich nicht Lehrerin geworden bin. Denn dann hätte ich gar keinen Eierschneider gekauft. Thomas streckt mir die Trümmer vorwurfsvoll entgegen. Er sagt, er sehe keinen Zusammenhang zwischen Lehramt, Eierschneider und Gewaltbereitschaft. Das müsse ich ihm erklären. Ich versuch's.

Ich hatte mit Susa telefoniert. Vorgestern, am Freitagabend. Ich war ziemlich spät und ziemlich müde nach Hause gekommen, zusammengedrückt von Alltag und Arbeit. Wollte nicht ausgehen, wollte nicht fernsehen, nur ein wenig plaudern und ins Bett. So geht's mir oft am Freitagabend. Am Telefon lud ich Schutt ab. Ich schimpfte über einen Kollegen, zog über meinen Zahnarzt her, spie das Kantinenessen einer Woche in Worten wieder aus. Ich hätte noch Schlimmes über den Unilateralismus der USA zu sagen gewusst, doch Susa unterbrach mich. «Hast du dir mit 20 vorgestellt, dass du mit 30 so sein würdest?», fragte sie mich. «Wie ‹so›?», fragte ich zurück. «Na so fertig mit allem.» Mit der Ausbildung, mit der Job- und Männersuche, mit der Wohnungseinrichtung, mit dem Schnüren zusätzlicher Altersvorsorge-Pakete, mit dem Ankommen in jeder Hinsicht.

«Nein», sagte ich und dachte daran, dass ich mir nie ausgemalt hatte, wie ich wohl mit 30 sein würde, einfach weil mir mit 20 die 30 noch so wahnsinnig weit weg und fertig mit dem Leben vorgekommen war. «Ich zerbrech mir nicht den Kopf, was ich mit 30 mache», hatte Nirvana-Boss und Freitod-Kurt Cobain gesagt, als der 20 war. Und: «Du weißt doch, wie das Leben mit 30 aussieht – darauf kann ich verzichten.» Auch daran dachte ich jetzt. Und fühlte mich gleich noch ein bisschen zusammengedrückter. Von Alltag, Arbeit. Und Alter. «Wir sind so fertig mit allem, dass es bis zur Rente genauso weitergehen könnte. Niemand würde daran Anstoß nehmen», erklärte Susa. Sie seufzte. Sehr lange. Sehr tief. Und sehr, sehr zufrieden.

Denn Susa steigt aus. Mindestens zeitweilig. Ein Sabbatjahr lang. 365 Tage pflichtvergessene Freiheit bei eingeschränkter Lohnfortzahlung und Arbeitsplatzbehaltegarantie. 365 Tage alles können, nichts müssen. Lehrer dürfen so etwas. Im Oktober wird Susa ihre Wohnung aufgelöst haben, ihre Möbel an die Eltern und ihren Interimsfreund an weiß noch nicht wen losgeworden sein. Sie wird den Rucksack und das Surfbrett nehmen, den Flieger in Frankfurt/Main besteigen und in Afrika wieder rausklettern. Sie wird weiterziehen, Australien sehen, Neuseeland, Costa Rica, Mexiko, Bali, Hawaii. Vielleicht wird Susa wiederkommen.

«Versprich mir, dass du nicht trampst», drängte ich sie. «Du weißt, was Anhaltern passieren kann.» Ja, sagte Susa, und ich meinte, sie schnurren zu hören. Und sie erzählte die Geschichte der Freundin einer Freundin, die in Neuseeland den Daumen rausgehalten hatte und von einem sehr sympathischen Einheimischen mitgenommen worden war. Den heiratete sie dann – die einzige Möglichkeit, in Neuseeland eine unbefristete Aufenthalts- und Arbeitserlaubnis zu bekommen, wie Susa erklärte. «So was soll mir auch passieren», sagte meine beste Freundin hoffnungsvoll. Mir wurde übel.

Wir telefonierten dann noch ein bisschen. Das heißt, Susa redete, und ich kämpfte meinen Brechreiz herunter. Sie sprach von Traumstränden, Surfverhältnissen und Verhältnissen mit Surfern. Sie sprach davon, am Strand zu schlafen, Dosenravioli über Lagerfeuern zu wärmen und mitten in der Wüste festzustellen, dass die Kondome alle sind. Sie sprach von der kleinen Beklommenheit, die sie manchmal befiel, wenn sie daran dachte, ein Jahr lang auf Farbfernsehen und Federkernmatratze verzichten zu müssen. Und sie sprach von den Träumen, an denen manche Menschen im Geiste so lange herumfingern, bis sie an den Rändern ausfransen und schließlich so fadenscheinig sind, dass man sie nicht mal mehr sehen, schon gar nicht leben kann. Gott, war mir übel. In dieser Nacht schlief ich schlecht auf meiner Federkernmatratze.

Am nächsten Morgen musste ich früh raus, weil ja Samstag war, Hausfrauentag der Berufstätigen. Ich ging in die Stadt, einkaufen. C&A lockte mit einer Sonderaktion: «Geben Sie uns den Rest». Den Rest D-Mark, der sich in Rucksackwinkeln, Schubladenecken und

Gesäßtaschen ungeliebter, weil zu enger Jeanshosen dem Umtausch entzogen hatte. Aus der Gesäßtasche meiner kneifenden Jeans grub ich 3,67 Mark. Ich musste gar nicht zu C&A, wollte aber den D-Mark-Rest nicht wieder nach Hause tragen, also ging ich rein, durch den fieberwarmen Bakterien-ins-Gesicht-Puster direkt in die Unterwäscheabteilung. An so einem Slip, dachte ich, ist ja nicht viel dran, der kostet nicht mehr als 3,67 Mark. Von wegen. Ich lernte, dass selbst mehr Nichts mehr kostet.

Ich hatte mir vorgenommen, nichts draufzulegen, auch nichts zurückzubehalten, bloß meine 3,67 Mark auszugeben. Für 3,67 Mark gab's aber nichts in der Unterwäscheabteiltung, nichts in der Kindermodenabteilung, nichts in der Abteilung für die Dame; bloß ein Leinen-Taschentuch gab's da. Das kostete nur 2,98 Mark, vermutlich weil das darauf gestickte Kätzchen bucklig war. Der Buckel rührte mich, doch leider führt C&A keine Gummidrops oder lose Brausebonbons, das Stück zu 2 Pfennig, mit denen ich die Differenz von 0,69 Mark hätte ausgleichen können. So ließ ich das Kätzchen in der Abteilung für die Dame zurück und durchstreifte die Haushaltswarenabteiltung – nunmehr gewillt, alles, wirklich alles zu kaufen, wenn nur der Preis stimmte. Beim Eierschneider stimmte er. 3,65 Mark. Die zwei Differenz-Pfennige schenkte ich der Kassiererin.

Weil mittlerweile alle Geschäfte geschlossen hatten, gingen der Eierschneider und ich direkt nach Hause. Dabei dachte ich daran, dass ich keine Eier mochte und auch Thomas selten welche aß. Bloß Rühreier. Wir könnten mal wieder zum Brunch einladen, sagte ich mir. Dann würde ich hart gekochte Eier mit dem Eierschneider in lotrechte Scheiben schneiden und mit Mayonnaise-Klecksen und Tomatenstückchen zu Blumen arrangieren, wie sie auf der Verpackung des Eierschneiders als Serviervorschlag blühten. Mit den Eierblumen würde ich das kalt-warme Buffet dekorieren, und alle würden begeistert sein. Nur Susa würde sich tot-

lachen. Falls sie dann noch hier ist, dachte ich – und bekam gleich wieder schlechte Laune.
Zu Hause in der Küche riss ich den Hängeschrank auf und stopfte den Eierschneider hinein. Indes, er weigerte sich. Ich habe dann wohl zu heftig gedrückt und geschoben, jedenfalls gerieten die Hängeschrankbewohner ins Wanken und sprangen auf mich herab: Teesieb, Milchschäumer, Kochbücher, Spaghetti-Zange, Pfeffer- und Salzstreuer (sowohl konventionelle als auch in mehreren lustigen Ausführungen, unter anderem der rosa Salz-Pudel mit Staubbrille, der ein Pfeffer-Cabrio steuerte), Tranchiermesser, Untersetzer, Unterrock, Römertopf, Spargeltopf, Stieltopf, Topflappen, Bräter, Broiler, Bratwurst, Auflaufform, Springform, Sackhüpfen, Salatschleuder, Schleudertrauma, Geflügelschere, Lockenschere, Fondue- und Raclette-Set, Leinensets, Steingut, heißer Stein, Grabstein, Pizza-Teller, Pasta, basta.
Irgendwann, das kapierte ich dort auf dem Küchenfußboden, würde mich all der Hausrat erschlagen, der ganze Ballast, den ich mit 30 schon angesammelt hatte und fortan noch sammeln würde. Ich sah Legionen von Kaffeeservice aufmarschieren, schwer bewaffnet mit silbernen Löffeln und Zuckerzangen. Topf-Truppen gingen neben Warmhalteplatten in Stellung und pflanzten kunstvolle Korkenzieher auf. Garnisonen von Sparschälern trugen auf Rohkost-Reiben Nachschub herbei und fuhren schließlich ihre schwersten Geschütze auf: Sandwichtoaster, Waffeleisen und Popcornmaschinen.
Besitz bedrängt, belastet, macht dich schwerfällig, bindet dich an. Weil du alles mit dir herumschleppst, wenn schon nicht mit den Händen, so doch im Geiste. Weil du nichts wegschmeißen, dich von nix trennen willst. Susa hat das durchschaut. Kleine Wohnung, kaum Möbel, wenig Hausrat, alles bloß zweite Garnitur. Nichts, woran sie wirklich hängt. Nicht mal an ihrem Freund. Nur an ihrer Freiheit. Deshalb steht Susa nur mit einem Bein in der Falle, in der wir anderen stecken. Das zweite Bein hält sie raus.

Und jetzt zieht sie das erste auch noch raus. Steigt aus. Staatlich gefördert. Ein Sabbatjahr lang.
All das dachte ich dort auf dem Küchenfußboden, während mich die Haushaltsgeräte einkesselten, vorneweg der Eierschneider, der spöttisch mit dem Drahtmaul klapperte.
Da nahm ich den Eierschneider, sprang darauf herum, bis die Drähte rissen und der Plastiktorso in Stücke brach. Weil ich nicht Lehrerin geworden bin. Denn dann hätte ich gar keinen Eierschneider gekauft. Dann wär ich vorher ausgestiegen.

Ein Mann will in die Lava greifen, hat aber Angst, sich zu verbrennen

Ich habe neulich beim Fernsehen gemerkt, dass ich doch Aussteigerpotenzial habe. Hätte ich gar nicht gedacht. Da lief abends ein Bericht über einen Mann mit zerzauster Blondmatte und gefurchten Zügen. Dieser Mann war mal ein kluger Kopf bei IBM und lebt seit ein paar Jahren zwischen den Vulkanen auf Hawaii. Und zwar genau dort, wo die vom Berg ausgespuckte Lava zischend ins Meer stößt und es fast zum Kochen bringt. Dahin würde ich gerne mal mitkommen, habe ich gedacht. Das ist so ursprünglich. Der Sprecher hat aus dem Off verführerisch lyrische Sachen gesagt: «Der Ort, an dem die Erde geboren wird» und so was. Ich meinte, die Hitze in meinem Gesicht prickeln und ziehen zu spüren. So wie als Kind, wenn ich manchmal zu nah am Kamin meiner Tante stand.

Man sah den Mann mit rot leuchtendem Gesicht zwischen verdampfendem Wasser und glühender Lava wie Rumpelstilzchen umherhopsen und mitten reingreifen in die – wie der Sprecher sagte – mehrere tausend Grad heiße und verführerisch goldrote Masse. Sanft und geduldig waberte sie, wenn Wendt sie anstieß. Er riss und zerrte daran und verzog das Gesicht vor Schmerz oder vor Lust und nannte das Ganze «Skulpturen für den Moment». Überhaupt begreife er sich als Künstler und sei nur an diesem Extremort glücklich. Er wirkte konzentriert, schien ganz bei sich zu sein, eins mit sich selbst. Zufrieden, der Erde beim Entstehen zuschauen zu dürfen. Ich konnte das von meinem Sofa aus gut verstehen. Vor allem, weil ich am nächsten Morgen früh rausmusste. Ins Büro. Staub statt Feuer. Da sehnte ich mich kurz nach einem Vulkan und nach einem Gespräch mit Wendt, vielleicht mal ein Bier mit ihm zu trinken – Pardon: zischen ist hier wohl passender. Aber: Daraus wird nichts, da kann man nichts machen. It's my life.

Apropos. «It's my life» hieß auch der größte Hit der Band Talk Talk in den 80ern. Der Bassist ist ein menschenscheuer Vogel namens Paul Webb. Gerade hat er wieder eine Platte herausgebracht, und ich habe dazu ein Interview mit ihm gelesen. Es ging darum, dass er sehr zurückgezogen lebt und nicht in London, wo doch alle sind, Gwyneth Paltrow und Madonna und der Chic und der Trend. Paul Webb hat dazu etwas sehr Schönes gesagt: «Wenn man wie ich auf dem Land lebt, dann ist man nicht mehr so an Trends interessiert. Man kümmert sich eher darum, welche Farbe der Himmel hat und wie das Wetter wird.» Wenn überhaupt so was wie Aussteigen in Frage käme, wäre auf dem Land leben eine gute Sache. Nicht so radikal. Nicht so freakig. Es muss nicht immer Lava sein.

Nicht, dass da was falsch ankommt, eigentlich habe ich mit Aussteigen und all dem nichts am Hut. Im Gegenteil, ich würde lieber richtig einsteigen. Bestimmen. Mich nicht immer neu für etwas qualifizieren müssen – mit Abitur, Examen, Ausbildungsende und wer weiß, was noch alles kommt. Ich würde langsam gerne mal meine Vorstellungen bei dem durchsetzen, was ich so tue. Ohne Kompromisse einzugehen. Zukunft gestalten. Aussteigen dagegen ist 70er Jahre. Vergangenheit. Außerdem bin ich nicht so ein Esoterik-Rebell. Und falls ich in den nächsten Jahren doch mal in die Richtung gehen sollte, reicht es mir bestimmt, in Hermann Hesses «Steppenwolf» zu blättern.

Ich kenne persönlich niemanden, der überhaupt mal nachgedacht hätte über eine Auszeit. Mir fallen nur Leute ein, die sagen, «lieber lege ich jetzt richtig los, damit ich später entspannt leben kann – meinetwegen auch im Ausland.» Später heißt in Zahlen: ab 50 aufwärts. Und Ausland Spanien oder Italien. Der Genuss, die Freizeit sind der Grund für solche Pläne, nicht Unzufriedenheit mit Gesellschaft oder System. Der Aussteiger von heute ist ein lustiger Mönch, der es sich nett eingerichtet hat in der Anarchie-Askese des Jetzt. Und wenn er mal Lust auf Ausbruch hat, zieht er sich zum Gang ins Büro eine Jack-Wolfskin-Jacke über und fühlt sich wie auf Survival-Tour.

So geht's mir auch. Manchmal denke ich ein bisschen sehnsüchtig an ein Leben im Leuchtturm. Male mir aus, wie ich in einem abgeschiedenen Landhaus in Südengland wohne oder als Krabbenfischer an der Nordsee. Ach ja. Aber wenn ich mir das neueste Mareheft am Kiosk kaufe oder in der Videothek eine Jane-Austen-Verfilmung leihe, reicht das auch.

Matthias Wendt ist anders. Er sagte dann noch, dass man mit der Lava sehr vorsichtig umgehen müsse, weil sie sonst wie ein Skalpell in die Haut schneidet und sie in Sekunden vom Körper wegdampft. Die Hawaiianer, die ja im Allgemeinen, wie man aus «Magnum» weiß, als unerschütterlich cool gelten (abgebrüht würde in diesem Zusammenhang komisch klingen), bewundern den Kauz aus Hameln. Ich finde Matthias Wendt super.

Allerdings könnte ich mir denken, dass Herr Wendt auf andere Menschen, wenn sie ihn nicht gerade so wie seine Freundin lieben, ziemlich unausstehlich wirken kann. Bestimmt hat er so eine grundsätzliche Antihaltung. Wie diese Goa-Leute. Kennt man ja aus «The Beach» mit Leonardo di Caprio. Kommen nicht klar, protzen aber mit Lebenserfahrung und mit dem, was sie schon erlebt haben.

Kurz vor Ende des Berichts wurde klar, dass das mit Matthias Wendt und mir als feuriges Duo sowieso nicht gehen würde. Er nehme nie jemanden mit, sagte er, das Kamerateam sei eine einmalige Ausnahme. Zu gefährlich und überhaupt, gab er ausweichend als Grund an. Ich glaube, er will einfach seine Ruhe haben in der Lava. Allein sein mit dem Feuer. Das Draußen genießen. Nicht genervt werden bei der Geburt der Erde.

Eigentlich schade.

Eine Frau richtet ihren Wecker gen Heimat aus und wird sentimental

Ich hätte es hören müssen. Doch da gab's nichts zu hören. Tanja spricht ein klein wenig schleppend, ein Wort hievt das nächste auf die Zunge. Da hinunter und aus dem Mund heraus rutschen sie alleine. Kein Dialekt begleitet sie. Und so hörte ich nicht, was ich hätte hören müssen: dass wir dieselbe Sprache sprechen, dass sie eine ist wie ich.

Es bedurfte eines Möllemann. Wir sprachen über seinen letzten Fall. Gestern, beim kleinen Italiener in Arta auf Mallorca, wo Tanja seit drei Jahren lebt. Tanja erzählte, woran sie gedacht hatte, als sie hörte, dass Möllemann mit dem Fallschirm in den Tod gesprungen sei. «Ich dachte an meinen Nachbarn daheim», sagte Tanja. Der war auf dem Sommerfest seines Fallschirmspringerclubs aus dem Flugzeug in die Ewigkeit gefallen. Frau und Tochter, die zum Sommerfest gekommen waren, hatten ihm dabei zugesehen. «Ein Unfall. Der Scheißschirm hat sich nicht geöffnet», sagte Tanja. Ich erinnerte mich, woran ich gedacht hatte, als Möllemann starb: Auch ich hatte an das Sommerfest daheim gedacht und daran, wie es endete. Ich hatte das Gleiche wie Tanja gedacht.

Die nächste Stunde inspizierten wir die Keller und Speicher unserer Erinnerungen – und fanden uns beim anderen daheim. Aus den Regalen holten wir unseren Hintergrund: Namen, Landschaften und Bildungswege, Elternhäuser, Orte und Eintopfgerichte. Und Vokabeln. «Wo wills dau da da Ha hi ho?», fragte ich. «In de Schauer», antwortete Tanja, was nur vernünftig war. Wir übersetzten das dem Paar am Nebentisch («Wo möchtest du denn dein Heu hinhaben?» – «In die Scheune.») und lachten uns krank. Und der Kellner vom kleinen Italiener glaubte, das läge am Zuviel von seinem Wein, und die Gäste vom kleinen Italiener glaubten, so müsse es wohl sein. Wir aber waren besoffen von fünf Kilometern; fünf Kilometer, die Tanjas Heimatdorf von meinem trennen.

Denken Sie jetzt nicht, ich führte mich immer so auf, wenn ich in der Fremde einen treffe, der weiß, dass es gut und angemessen ist, eine Decke «Kolter» zu nennen, ein lappiges Hamburgerbrötchen mit Apfelbrei darin und Zucker obendrauf «Schlumpenweck» und ein kleines, scharfes Küchenmesser «Kneipchen». So ist es nicht. Doch fällt es mir leicht, einen Kneipchen-Versteher sympathisch zu finden, ihm auf Vorschuss zu vertrauen, weil ich eilfertig davon ausgehe, dass er mir ähnlich sein muss. Weil er aß, was ich aß, weil er roch, was ich roch, weil er hörte, was ich hörte, weil er sah, was ich sah, weil seine Heimat meine ist.

Meine Heimatverbundenheit speist sich vornehmlich aus zwei Quellen: Die erste ist der Umstand, dass ich nach dem Abitur wegzog von daheim, die zweite ist mein Wecker. Als ich den Westerwald verließ, hatte ich genug Westerwald in mir für den Rest meines Lebens. Wäre ich geblieben, ich hätt mich überfressen am Westerwald und alles ausgespuckt. Da ich aber auf Abstand ging, nach Hamburg, behielt ich den Westerwald bei mir, nahm ihn mit wie Reiseproviant, der nährt und sich nie aufzehrt, weil er ein Stück ist von dir.

Den Wecker kaufte ich bei Tchibo in Düsseldorf. Er hat ein Hartplastikgehäuse, grau wie Fensterkitt, eine Digitalanzeige, die leuchtet, wenn man einen Knopf drückt, und ist sehr zuverlässig. In einer Million Jahren weicht er nur den Splitter einer Sekunde ab von der Zeit. Das liegt an dem Empfänger, den der Wecker in seinem Hartplastikgehäuse birgt. Der empfängt Signale einer Atomuhr, die die Uhr des Weckers steuern. Die Atomuhr steht in Frankfurt/Main. Das entnahm ich der Gebrauchsanweisung. Des Weiteren, dass mein Wecker nach jedem Orts- oder Batterie-Wechsel ein klein wenig Hilfe braucht, um seine Funkuhr mit den Signalen der Atomuhr zu synchronisieren. «Richten Sie die Funkuhr nach Frankfurt/Main aus», verlangt die Gebrauchsanweisung. Was in meinem Fall bedeutet, den Wecker gen Heimat auszurichten. Wo immer der Wecker und ich nun hinreisen, Riihimäki, Boston oder Marrakesch, muss ich fragen, wo die Heimat liegt, muss mich wenden gen Heimat, wie der Muslim gen Mekka. Egal wo ich schlafe, Mumbai, Rom oder Berlin, die Heimat funkt Signale durch meinen Traum, und Signale aus der Heimat beenden ihn. Das nenn ich Heimatverbundenheit.

Ich ging weg von daheim mit fester Absicht: Ich wollte «Luftwurzeln» entwickeln, wie Juli Zeh einmal schrieb, wollte ein «Zurechtfinder» werden, der überall klarkommt ohne Heimweh. Ich wollte das, was Arbeitgeber so schätzen, wahrheitsgemäß im Lebenslauf behaupten: ortsungebunden. Gemessen an der Verzweiflung, die mich mit elf in den Schwitzkasten nahm, weil mich der Schulbus eine Station zu weit gefahren hatte, ist mir das famos gelungen. Es brauchte fünf Umzüge. Allein, sich zurechtzufinden reicht nicht auf Dauer.

Der US-Schriftsteller Philip Roth meinte, nur als Kind könne man sich irgendwo wirklich zu Hause fühlen. Er hat Recht und wieder nicht, hoffe ich. Er hat Recht, wenn ich «zu Hause» übersetze als kostenfreie Geborgenheit, Zugehörigkeit, Identifikation in allen Punkten. All das schenken mir nur – und nur, weil ich Glück hatte – meine Eltern, meine Schwester, mein Bruder. Jene Menschen, bei denen ich, betagt noch, immer Kind sein werde, das jüngste von Dreien, das Nesthäkchen. Ich will nicht daran denken, wie es sein wird, wenn meine Eltern mal nicht mehr sind. Und doch denke ich daran, da man damit anfängt um die 30, und dann fühle ich mich verloren, heimatlos, unbehaust. Darum wünsche ich mir, dass Philip Roth am Ende irrt.

Roth hat nicht Recht, wenn ich «zu Hause» übersetze als Bewusstsein, am rechten Ort zu sein, ein Gefühl, das mich teils überkommt, teils muss ich es mir erarbeiten. Im Mischwald weiß ich mich zu Hause, nachdem es geregnet hat zumal, in einem spanischen Supermarkt, in dem es nach dem Putzmittel «Conejo» stinkt, bei Susa, egal wo Susa ist, bei Thomas und dort vor allem in unserem Doppelbett, in diesem kleinen Moment wehr- und wunschloser Schwerfälligkeit kurz vor dem Einschlafen; in meiner Sprache fühle ich mich zu Hause, bei Harry Potter, auch wenn der Band in Englisch ist, mit einem Tier, das sich gerne von mir halten lässt, im Büro, wenn es gut läuft.

«Zu Hause», nach dieser zweiten Definition, ist ortsungebunden. Heimat ist es nicht. «Es ist niemandem erlaubt, fortzusetzen, wo man abgebrochen hat», schrieb Ingeborg Bachmann, und ich glaube ihr. Deshalb werde ich nicht heimkehren und bleiben. Und irgendwo ankommen, schätze ich, werde ich noch lange nicht.

Ein Mann ist neidisch auf das Sofa seiner Eltern

Meine Eltern wohnen zu Hause, in der Stadt, aus der ich stamme. Zu Hause liegt, wo meine Eltern wohnen. Wenn wir uns sehen, dann weil ich zu ihnen komme, nicht weil sie mich besuchen. Anders wäre es nicht vorstellbar, völlig unzulässig, und müsste zwangsläufig in einer Katastrophe enden.

Es gab da mal einen Versuch, aus der strengen Ordnung der Dinge auszubrechen. Aber er ging daneben. Meine Mutter hat ihn unternommen, einfach so, aus einer Laune heraus. Sie rief an, sagte, dass sie kommen wolle, mit der Bahn. «Entschuldigung», sagte ich, «Sie sind falsch verbunden, ich bin nicht ihr Sohn, meine Mutter kommt mich nie besuchen.» Meine Mutter sagte, ich solle aufhören, sie meine es ernst.

Ich holte meine Mutter vom Gleis ab. Sie hatte sich schick gemacht. Wir gingen essen, sie bezahlte. Wir waren eine Mutter und ein Sohn, dessen Mutter zu Besuch gekommen war. Ich zeigte meiner Mutter unsere Wohnung, sie fand sie schön. Dann wollte sie in die Stadt, einkaufen, Mitbringsel für zu Hause und «irgendwas Schönes» für unsere Wohnung. Wir gingen los. Es schien alles ganz normal zu sein.

Nach etwa einer Stunde konnte meine Mutter nicht mehr laufen. Die Füße taten ihr weh. Sie hatte ihre besten Schuhe angezogen, hohe Hacken, irre teuer, irre unbequem. Blasen, Blutblasen, jammerte sie. Wir retteten uns ins nächste Schuhgeschäft, ich musste sie stützen, sie fluchte. Neue Schuhe waren meiner Mutter zu teuer, das sehe sie nicht ein, sagte sie. Was wir nun machen sollen, fragte ich. Ob ich ihr böse sei, wenn sie wieder fahre.

Ich brachte meine Mutter zurück zum Bahnhof, am Gleis fragte sie mich, ob ich nächstes Wochenende nach Hause komme. Ich nickte. Die Ordnung, sie war wiederhergestellt.

Die Ordnung ist die klar verteilter Rollen. Meine Eltern sind meine Eltern, ich bin der Sohn, genauer: das Kind. Diese Rollenverteilung schließt aus, dass meine Eltern mich besuchen. Zum Nikolaus schicken sie zum Beispiel ein Paket, in das meine Mutter Badezusatz mit ätherischen Ölen zur Entspannung packt. Sie selbst kommen aber nicht, nie. Ich komme, immer. Ich komme, nachdem ich mir die Weisheitszähne habe ziehen lassen. Wenn ich grippekrank im Bett liegen muss oder mein Auto kaputt ist und ich es zu Hause in die Werkstatt gebe. Auch gehe ich ausschließlich zu Hause zum Friseur.

Oft komme ich mit der Bahn, dann holt mich mein Vater vom Bahnhof ab. Auf der Fahrt reden wir über die Arbeit und andere ernste Sachen, das ist diese Von-Mann-zu-Mann-Ebene. Zu Hause angekommen, sehe ich dann laut meiner Mutter wahlweise nicht gut aus, sondern verlebt, habe abgenommen oder zugelegt, schon wieder eine neue Jacke oder immer noch keinen Geschmack, was meine Schuhe angeht. Dann setzen wir uns an den Küchentisch.

Da sitzen wir immer. Meine Eltern, meine Schwester und ich. Wie früher nach der Schule. Wir reden und trinken Kaffee. Meine Eltern berichten das Neueste aus dem Ort. Von bescheuerten Nachbarn, krebskranken Bekannten, Hochzeiten ehemaliger Mitschüler und neugeborenen Kindern. Und ich muss meinerseits Geschichten aus der Fremde erzählen. Geschichten von der Schwierigkeit, seinen Platz zu finden bei der Arbeit und in der großen Stadt, von enttäuschten Vorstellungen und erfüllten Wünschen. Geschichten von Erfolgen, auf die sie stolz sein können, und von Niederlagen, die Mitleid erregen. Gerne auch verrückte Geschichten. Das ist der symbolische Tausch: Deine Eltern haben dich großgezogen, und du bist gegangen. Deshalb musst du ihnen erzählen, wie es ist da draußen, wie es dir ergeht. Du bist der Korrespondent. So ungefähr. Diese Phase am Küchentisch ist so etwas wie die Übergangs-

zeit, in der ganz von selbst die Ordnung wiederhergestellt wird. Die vertraute Ordnung Eltern – Kind, nicht mehr die ungewohnte zweier Gesprächspartner auf Augenhöhe.
Die vertraute Ordnung bringt einen Hauch von früher mit sich. Meine Eltern fragen, wie es meinen Freunden geht. Denen von früher, die sie mit Spitznamen anreden und von denen sie geduzt werden. Sie finden es schön, dass der Zufall uns fast alle in dieselbe Region verschlagen hat. Und sie finden es schön, wenn wir am selben Wochenende nach Hause fahren. Weil dann alles wie früher ist.
Zu Hause ist immer noch dort, wo ich zur Schule gegangen bin. Zu Hause ist der Ort, den ich unter Kontrolle habe, wo ich nicht nur weiß, wo alles liegt, sondern wo ich zu allem auch noch eine persönliche Geschichte erzählen kann. Zu Hause werde ich umsorgt und muss selber nicht viel tun. Einfach nur erzählen, Geschichten aus der Fremde, das reicht schon. Kaffee kochen und gut essen ist auch erwünscht. Was an Aktivität darüber hinausgeht, wäre auffällig, und meine Eltern würden sofort ein schlechtes Gewissen argwöhnen. Also sehe ich fern. Vom Sofa aus. Meine Eltern haben ein sehr schönes neues Sofa, das ist gemütlicher als meines in Düsseldorf.
Gemütlichkeit ist der eine, Einfachheit der andere Vorzug meines Zuhauses. Wenn ich zum Beispiel einkaufe, kann ich zu Fuß zum Supermarkt gehen oder mit dem Fahrrad fahren. Mehr als zehn Minuten brauche ich selten, bis ich wieder zurück bin. In Düsseldorf schaffe ich es in derselben Zeit aus dem Parkhaus zur Straße. Außerdem weiß ich, wo ich was bekommen kann. Zu Hause haben die Läden noch solche Namen, die keine Verwirrung stiften, sondern das Warenangebot unmissverständlich der Familie des Ladeninhabers zuordnen: Auto Meyer, Schuh Scheele, Sport Böckmann, Zweirad Pott.
Wenn ich zu Hause bin, passt sich mein Tagesablauf von selbst dem meiner Eltern an. Das ist, als habe ich beim Übertreten der

Schwelle meine eigenen Gewohnheiten vor der Tür zurückgelassen. Wenn ich mittags einen Anruf bekomme, flüstere ich, weil meine Eltern schlafen. Ich mache in der Zeit meist irgendwas, das keinen Krach macht.
Kurz bevor ich sonntagnachmittags wieder abfahre, öffnen meine Eltern gern den Familien-Geschichtenschatz. Dann erzählen sie, wie zum Beispiel eins der Kinder sich im Urlaub auf Norderney mal so verlaufen hatte, dass es von der Polizei zurück zur Ferienwohnung gebracht werden musste. Solche Geschichten, im Nachhinein lustig für die Eltern, ein bisschen peinlich für die Kinder. Für mich also.
Neuerdings sind auch Erlebnisse der jüngeren Vergangenheit in diesen Familienschatz eingegangen. An denen sehe ich, wie alt ich bin. Von Kommilitonen ist da die Rede, von denen ich im ersten Semester erzählt haben muss. Einer, sagen meine Eltern, habe mir zeigen wollen, wie man seinen Stundenplan zusammenstellt. Mein erster Bekannter an der Uni: Er war nett, er war drauf und dran, seine Zwischenprüfung zu machen, er war im elften Semester. Meine Eltern sagen, dass sie im Hinblick auf die Dauer seiner Unizugehörigkeit nicht unfroh gewesen seien, als ich ihn bald aus den Augen verlor. «Skurrile Typen da an der Uni», sagt mein Vater. Und ich denke an die Leute, von denen ich nie erzählt habe.
Zum Abschied fragen mich meine Eltern, ob ich bald wiederkomme. Sie stecken mir Lebensmittel zu. Meist ist auch ein Pfund Kaffee dabei. Einmal habe ich gesagt, wenn sie mich besuchen kämen, könnten wir ihn zusammen trinken. Da haben sie geschmunzelt.

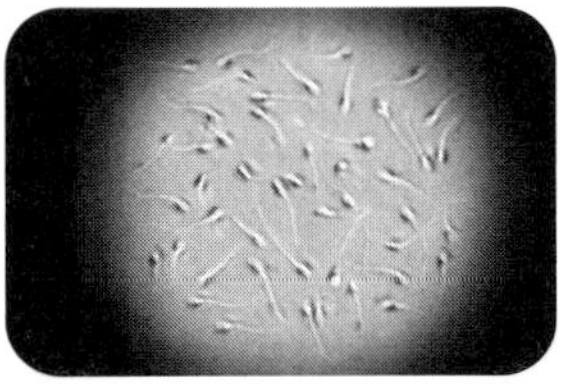

30 – da wissen die meisten, mit wem sie zusammen sein werden, wenn sie 60 sind. Und die anderen hätten spätestens jetzt gerne jemanden, mit dem sie 60 werden könnten. Wir ziehen zusammen, richten gemeinsam die erste Wohnung ein, betreten zu zweit Neuland. Nur nicht mehr im Bett. Versucht's Kathrin deshalb in der Flugzeugtoilette? Muss sich Philipp schon um seine Fruchtbarkeit sorgen? Und wenn wir es nicht wissen, weiß es der Paartherapeut? In weiteren Rollen: eine E-Mail, eine Bumsburg, ein mariner Igelwurm, eine Packung Heißwachs, ein renitentes Neugeborenes und ein Single im Freitagshoch.

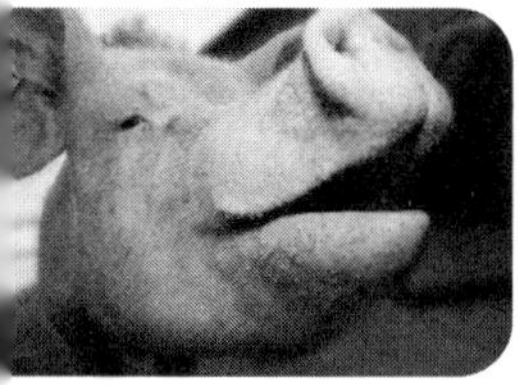

Eine Frau ist der Mann im Haus

Das Recht auf Privatsphäre definierten die US-amerikanischen Juristen Louis Brandeis und Samuel Warren im Jahre 1890 als «Recht, in Ruhe gelassen zu werden». Ohne Not verzichten Paare auf diesen Anspruch – und ziehen zusammen.

Warum tun sie sich das an? Warum tun sich Frauen das an: den täglichen Kampf um die Ruheposition der Klobrille, seine Bartstoppeln im Waschbecken, seine Socken auf dem Schlafzimmerteppich, seine Bundesligastecktabelle an der Küchenwand, seine Hand an der Fernbedienung, seine Zunge im Ohr, morgens, direkt nach dem Aufwachen?

Claudia zog mit Lutz zusammen, weil eine Abrissbirne sie dazu zwang. Das nenn ich einen guten Grund. Ihr Vater ließ das Haus einstürzen, in dem sie mit ihrer Familie lebte, um an gleicher Stelle ein schöneres zu bauen. Da war es praktisch, dass Claudia einen festen Freund hatte, der eine ältere Schwester hatte, die eine Wohnung hatte, die leer stand, weil die Schwester zwecks Bewusstseinserweiterung durch Indien trampte. Dort zogen Claudia und Lutz ein. Als die Schwester nach einem halben Jahr zurückkehrte, hatte sich auch Claudias Bewusstsein erweitert, wenigstens um diese Erkenntnis: «Mit Lutz und mir, das funktioniert nicht. Er ist einfach zu pedantisch.»

Petra zog mit Jörg zusammen, als zögen sie ins letzte Gefecht. Sie packten die Umzugskartons in ihren Single-Appartements, als es in ihrer Beziehung heftig kriselte. Ich fand den Zeitpunkt schlecht gewählt. Petra nicht. «Ich bin 29. Ich habe keine Zeit mehr, lange herumzurätseln, ob Jörg der Mann fürs Leben ist», erklärte sie mir. «Entweder es klappt ganz oder gar nicht.» Es klappte überhaupt nicht. Das war schon deshalb ärgerlich, weil sie gemeinsam ein

Doppelbett angeschafft hatten, das sich keiner von ihnen alleine ausgesucht hätte. Petra, die mehr verdient, hatte zwei Drittel davon bezahlt, Jörg ein Drittel. Deshalb nahm Petra das Bett mit, als sie die Test-WG auflösten. Petra schläft schlecht darin.

Karin zog mit Harald zusammen, weil es ihr an Serotonin mangelte, jenem Neurotransmitter, der im Gehirn die Impulse von einer Nervenzelle zur anderen springen lässt. Ein zu niedriger Serotonin-Spiegel baut Hemmungen ab und verleitet Menschen zu völlig irrationalen Handlungen. Zwangskranke leiden daran. Und frisch Verliebte. Karin kannte Harald gerade mal acht Tage. Er war alt und reich, lebte auf 120 Quadratmetern und hatte ein Zimmer zu viel. Das und der Serotonin-Spiegel entschieden die Sache. Nach vier Monaten hatte sich Karins Biochemie normalisiert. Ganz sicher bin ich mir aber nicht. Denn sie blieb, wo sie war, und mit Harald zusammen. Für ganze drei Jahre.

Dass ich mit Thomas zusammenzog, war ein Missverständnis. Ein Jahr lang liebten wir uns montags bis donnerstags auf Distanz; er in Düsseldorf, ich in Hamburg. Dann hatte ich es satt, sonntagabends «Tschüss» zu sagen, nur um mich von übellaunigen Bundeswehrsoldaten im Zug gen Norden mit Bierdosen bewerfen zu lassen. Ich sagte Thomas, ich zöge nach Düsseldorf, würde mir dort – zur freien Entfaltung meiner Persönlichkeit – eine eigene Wohnung suchen und, bis ich die gefunden hätte, bei ihm parken. Im Abstellzimmer. Vormals Ex-Freudin-Zimmer. Für den Übergang. Das tat ich dann auch. Doch als ich mich dranmachte, die Wohnungsannoncen zu studieren, gab sich Thomas sehr überrascht und erklärte, so habe er das nicht verstanden, so hätt ich das nicht gesagt. Und wenn ich jetzt wieder auszöge, hieße das doch nur, dass ich mich von ihm trennen wolle. Wollte ich nicht. Also blieb ich. Im Abstellzimmer. Auf dem Dauerparkplatz. Nur Thomas' Gerümpel zog aus.

Spätestens heute würde ich planvoll mit Thomas zusammenziehen – aus dem gleichen Grund, aus dem sich die meisten Bekannten in meinem Alter mit ihren Männern zusammentun: Wir haben einfach keine Zeit mehr, getrennt zu leben.

Die Liebe in zwei Wohnungen erfordert einen hohen organisatorischen und logistischen Aufwand, weil Personen- und Warenströme – ständig wechselnden Erfordernissen entsprechend – weiter- und umgeleitet werden müssen. Du, die Schaltzentrale, entscheidest: zu ihm oder zu dir. Und wenn zu ihm, wie lange? Wie viele Unterhosen und BHs packst du ein, wer gießt die Blumen in deiner Wohnung, wer nimmt die Zeitungen aus dem Briefkasten, wer tötet die Motten im Kleiderschrank, wer öffnet dem Wasseruhr-Ableser die Tür? Und wenn du dann wieder bei dir vorbeischaust – früher als geplant, weil irgendwas, was du dringend brauchtest, in der Wohnung lag, in der du gerade nicht warst –, ist die Milch sauer, und du muss erst mal einkaufen. Einiges immer gleich doppelt, weil du weder bei ihm noch bei dir auf Misosuppe, Tampons und die Spülung für strapaziertes Haar verzichten magst.

All das nervt, weil es Stunden frisst, die wenigen kostbaren vor und nach Dienstschluss. Und es nervt die Zaungäste der Liebe – die WG-Partner. In Altbauwohnungen und billigen Neubauten vor allem nachts. Ansonsten morgens und abends. Weil da noch einer ist, der das Bad beansprucht, die Küche und die Tageszeitung. Aber nie putzt. Karin klagt, dass sie sich in ihrer eigenen Wohnung wie zu Besuch fühlt, seit Ben, der Freund ihrer WG-Partnerin Silvie, ständig bei ihnen und auf dem gemeinsamen Sofa rumhängt. Dort hatte Karin an den Dienstagabenden gesessen, mit einer Kurpackung im Haar, hatte die Fußnägel gefeilt und «Sex and the City» geguckt. Ein Ritual. Kaputt. Weil zu intim, als dass Fremdmänner dabei zusehen dürften. «Und seinen nackten Schwanz will ich auch nicht mehr sehen», schreit Karin durchs Telefon. «Der soll sich was anziehen, wenn er nachts pinkeln geht.» Dieser hysterische Zug ist neu an ihr.

Liebe in zwei Wohnungen, das ist Stress. Deshalb hängt man früher oder später doch nur in einer der beiden Buden herum, die für zwei aber zu klein ist und keine Rückzugsmöglichkeiten bietet. Das stresst auch, irgendwann. Wenn's so weit ist, kann man auch zusammenziehen. Als Frau ist dir jetzt eh nicht mehr viel geblieben, was es sich zu verbergen lohnte. Er kennt die Wahrheit – dein Gesicht direkt nach dem Aufwachen, deine Alltags-Unterhosen, deine Nach-Nachtschlaf-Frisur. Dann also …

WG aus Liebe. Zu den ganzen typischen Frauen-Ärger-Sachen kann ich jetzt gar nicht viel sagen. Weil ich der Mann im Haus bin. Ich kaufe das, was fehlt, stückweise. Am Kiosk und in Tankstellen. Thomas kauft, was noch nicht fehlt. In den dafür vorgesehenen Fachgeschäften. Ich mach's kaputt. Thomas schließt Hausratversicherungen ab. Ich esse. Thomas kocht. Ich verbrauche. Thomas füllt auf. Klopapier und 40-Watt-Birnen, Erbsensuppe und Glasrein. Ich denk in Ich-Kategorien und vergess da schon die Hälfte. Thomas denkt in wir. Deshalb streiten wir uns. Nur nicht über die Klobrille. Die bleibt unten.

«Das ist hier kein Hotel, und ich bin nicht dein Etagenkellner», poltert Thomas, wenn ihm seine Frauenrolle mal wieder so richtig stinkt. Ja eben. Glauben Sie, mir gefällt das? Ein Etagenkellner klopft an, bevor er das Zimmer betritt. Thomas stürzt einfach herein und fordert Aufmerksamkeit, auch wenn ich gerade mit Susa telefoniere. Ein Etagenkellner fragt auch nicht: «Wo kommst du denn jetzt erst her?», wenn ich mich bei einer Freundin verquatsche. Und er verlangt nicht, dass ich bei ihm anmelde, wann meine Freunde vorbeischauen wollen, weil er ja auch nicht Gefahr läuft, deren Gesichtsfeld im Bademantel zu kreuzen. Wobei, kommt ja eh keiner mehr bloß auf 'nen Sprung vorbei. In der Liebes-WG hat man Gäste. Nach vorheriger Terminabsprache. Leute, die nicht ihn oder mich, sondern uns besuchen. Die Blumen und/oder Wein gegen ein Drei-Gänge-Menü tauschen. Auch daran merkst du, dass du Teil einer Lebensgemeinschaft und erwachsen bist: Freunde verlassen dich nicht mehr mit fettigen Fin-

gern. Weil ihr Servietten gereicht habt und Erdnussflips direkt aus der Tüte nicht die Mahlzeit ersetzten.
Was kochen wir am Donnerstag? Was machen wir am Wochenende? Wann besuchen wir XY? Wir. Wir. Wir. Manchmal weiß ich schon nicht mehr, wie man Verben in der ersten Person Singular durchkonjugiert. Ausgehen oder in den Urlaub fahren zum Beispiel. In solchen Momenten glaube ich, das ganze Leben wäre eine Fehlplanung. Weil sich das «Wir» zum denkbar schlechtesten Zeitpunkt in die Biografie beißt – mitten hinein in den großen Individualisierungsschub, der auf die 19 Jahre in der Familien-WG folgt. Besser wär's doch, man wechselte gleich vom Elternhaus ins Vielleicht-mal-selber-Eltern-Haus.
Wir. Wir. Wir. Warum tue ich mir das an? Warum verzichte ich ohne Not auf das Recht, in Ruhe gelassen zu werden?
Grad hör ich Thomas' Schlüssel im Schloss. Er kommt früher von seinem Termin, als ich dachte. Super. Dann können wir uns «Sex and the City» ja gemeinsam anschauen, uns einen gemütlichen Abend machen. Reden. Über dies und das. In Stricksocken. Vielleicht gehen wir früh ins Bett. Sicher schlafen wir zusammen ein. Hand in Hand.
Und die Welt lässt uns in Ruhe.

Ein Mann zeigt die Bumsburg

Um 20.15 Uhr laufen im Fernsehen oft romantische Komödien. Eine noch nicht gedrehte geht so: Ein Junge und ein Mädchen kennen sich schon lange. Sie sind zusammen, wie man so sagt, und wenn man sie fragen würde, ob sie denn verliebt sind, würden sie sich verlegen angucken.

Die beiden leben in zwei Wohnungen im selben Teil einer großen Stadt. Gegen Nachmittag überlegen sie immer, wo sie diesmal die Nacht verbringen. Derjenige, der sozusagen zu Besuch kommt, muss auf dem Weg in den Supermarkt und Lebensmittel fürs Abendessen besorgen. Ja, sie machen es sich gemütlich.

Ein ärgerliches Hin und Her ist dieser Zustand trotzdem, findet unser Paar. «Aber was soll's», stöhnt er. «Müssen wir eben was ändern», sagt sie. Und auf sein argloses Nachfragen, was denn zu tun sei, antwortet sie: «Zusammenziehen», und klimpert mit den Wimpern. «Ach so», sagt er.

Jetzt zoomt die Kamera ganz nah an das verdatterte Gesicht unseres mitteljungen Helden. Mensch, liest der Zuschauer aus diesen Zügen, daran hab ich jetzt gar nicht gedacht. Und – der Regisseur bekommt das schon hin – so ein bisschen milchig verschwommen sieht der Zuschauer den Gedankenfilm, der vor dem inneren Auge des Mannes abläuft.

Man sieht ihn in seiner kleinen Wohnung, wie er schmutzige Wäsche auf seinen Kleiderschrank wirft. So locker und selbstverständlich, dass man hier endlich mal das schöne Wort aus ich weiß nicht mehr welchem Märchen benutzen kann: Und hastunichtgesehn ist auf dem Schrank ein kleiner Wäscheberg entstanden. Als der allzu groß zu werden droht, packt der Junge ihn in einen Wäschesack und trägt ihn zum Waschen zu den Eltern. «Aber das ist jetzt wohl vorbei», murmelt der Junge, als der Film in seinem Kopf unvermittelt aus ist.

Im Folgenden sieht man die zwei Verliebten auf Wohnungssuche. Die Bilder werden an dieser Stelle etwas schneller abgespielt, das wirkt witzig. Der Zuschauer soll ja Spaß haben und nicht mitleiden müssen: Bruchbuden, viele Mitbewerber, schmierige Makler, noch schmierigere potenzielle Nachbarn, überhöhte Preise, oje!

Unsere Zwei entscheiden sich für die Bruchbude, wegen der Kohle, sie wissen ja nicht, ob das mit den Jobs alles so hinhauen wird wie gewünscht. Zum Glück kennen sie einen patenten Kumpel, der hilft ihnen entscheidend beim Laminatverlegen/Altbaudeckenstreichen/Verputzen und so. Beim Möbelkauf ignorieren sie den gut gemeinten Rat eines anderen Freundes, lieber ein zweiteiliges Ecksofa zu kaufen, damit im Falle einer Trennung jeder wenigstens noch ein kleines Sofa bekäme.

Als der Film wieder mit normaler Geschwindigkeit läuft, sieht man unser Paar auf einem nagelneuen Zweisitzer, dahinter die von ihr eingebrachte Picasso-Reproduktion. Sein The-Smiths-Poster, auf das er immer so stolz war, lagert im Keller. Sie hatten das vorher so vereinbart.

Jetzt gehen sie einmal pro Woche zusammen einkaufen. Sie zahlen mit Karte – die zum gemeinsamen Konto, das sie wegen Miete, Strom und dem Kram eingerichtet haben.

Vom eigenen Konto kauft sie ab und an Dekoartikel wie roten Flokati, bunte Vasen oder Übertöpfe. Er hat manchmal ein schlechtes Gewissen deswegen und revanchiert sich, indem er CDs kauft, «die gehören jetzt uns beiden» sagt und sich sehr romantisch vorkommt. Manchmal überrascht er sie auch und stellt Blumen in die Vasen, die sie mitgebracht hat. Dann fühlt er sich nicht nur romantisch, sondern auch erwachsen. Er kauft die Blumen nämlich immer bei demselben Händler auf dem Markt und beabsichtigt, bei nächster Gelegenheit von «meinem Blumenfritzen» zu reden.

Einmal, auch das zeigt der Film, haben sie Stunk. Da beschwert

sie sich, dass er überall seine dreckige Wäsche rumliegen lässt. Hier ein T-Shirt, da eine Hose – ob er das nicht gefälligst wegräumen könnte. «Das ist mein individueller Freiraum», philosophiert er spontan und guckt – das passt so schön hierhin – doof aus der Wäsche. «Überall machst du deine Häufchen», sagt sie, und beide lachen. Am nächsten Tag bringt sie ihm einen großen Segeltuchsack mit, in den er seine Wäsche stopfen kann, und Prospekte für Waschmaschinen von AEG hat sie auch dabei. «Die sind gut, die Firma haben meine Eltern auch.»
Alles läuft wieder harmonisch, auch die gelegentlichen Besuche der Eltern. Die lassen sich durch alle Räume führen, merken ein «ihr lebt wie wir» an, überhören das offensiv-witzige «unsere Bumsburg», womit der Junge das Zeigen des Schlafzimmers kommentiert, und bringen ein bisschen nett gemeinten Deko-Tinnef mit.
Als unsere Hauptdarsteller von einem befreundeten Paar (davon kommen jetzt viele vorbei), das ebenfalls eine Tandem-Lebens- und Wohngemeinschaft plant, gefragt wird, wie das Zusammenleben denn so ist, antwortet er: «Gar nicht so schlimm. Vor allem, wenn man krank ist, ist es super, weil man dann versorgt wird.» Und sie: «Man wird ganz anders als Paar wahrgenommen. Wenn zum Beispiel jemand malt, aber nicht Kunst studiert hat, wird der immer Hobbykünstler genannt. Wir aber sind jetzt sozusagen Profis. Aber das ist ja klar, das passt zu der Statistik, die ich neulich gelesen habe. Dreißig Prozent der Paare, die zusammenziehen, heiraten nach zwei Jahren.»
Nun schauen alle schmunzelnd auf ihn. Er lächelt und weiß gar nicht recht, was er sagen soll. Deshalb legt er eine Platte von den Smiths auf. Dann ist der Film aus.

Eine Frau will nicht nach Mettwurst riechen

«Mag sein, dass es Schweine im Weltall gibt. Aber keinen Mann, der mit Freunden über Sex spricht», schreibt Bertram Kusel in der «Elle». Männer redeten darüber, wie sie diese Wahnsinnsfrau erobert haben. Aber nicht darüber, was folgte. Und dass das unter Frauen ganz anders sei. Die redeten gerade über die Folgen. Recht hat er, der Herr Kusel. Deshalb weiß ich auch ziemlich genau, was bei Claudia läuft.

Claudias Mutter friert immer. Und: Claudia ist die jüngste von drei Schwestern. Also liegt es in ihren Genen und ist Ergebnis ihrer Sozialisation, dass ihr selbst im Bett kalt ist und sie auch dort abgelegte Klamotten trägt. Vielmehr trug und noch auftragen würde, wäre sie nicht mit Martin zusammengezogen. «Im Bett will ich keine Schneemänner sehen», hatte er gesagt und dass ihn Claudias sozial-genetische Disposition total abturnt. Da versenkte Claudia das Schneemannnachthemd, das schon ihre große Schwester gewärmt hatte, im Altkleidersack, und hinterdrein stopfte sie den Schlafanzug, auf dem vier grinsende Lämmchen weideten, zwei auf jeder Claudia-Brust.

Seit vier Jahren lieben sich Claudia und Martin, seit zwei Jahren in einer Wohnung. Bis dahin grasten die Grinselämmchen in jenem Schattenreich, das sich Intimsphäre nennt. Verbrachte Claudia die Nacht alleine, ging sie mit den Lämmern (wahlweise mit den Schneemännern) ins Bett. Im Schrank blieben das Seiden- und das Spitzennachthemd, die nur Ausgang bekamen, wenn Claudia bei Martin oder Martin bei Claudia übernachtete. An den Tagen vor diesen Nächten, und nur dann, befreite Claudia auch die teuren Dessous aus der Schublade ihrer Weichholzkommode. Ihre Intimsphäre aber teilte sie mit kochfesten Baumwollslips.

Früher, als Martin noch mit den La-Perla-Unterwäschekatalogen seiner acht Jahre älteren Schwester schlafen ging, hatte er sein Erwachsenenleben vor sich liegen sehen als endlose Abfolge delikater, spitzenbesetzter, transparenter oder raffiniert geraffter Höschen und BHs.
Wenig später befingerte er den Gegenentwurf. Martin wusste also, dass es Baumwollhosen gibt. Und natürlich wusste Claudia, ohne dass sie darüber gesprochen hatten, dass er es wusste. Dennoch zögerte sie die Gegenüberstellung mit den eigenen hinaus. Bis sie zusammenzogen. Keine Frau kann jeden Tag Dessous tragen. Das ist ein Naturgesetz.
Das ist auch eins: Wer ein Doppelbett teilt, hat weniger Knitterfalten in seinen Klamotten und putzt sich abends häufiger die Zähne. Das eine mag die Hausfrau freuen, das andere die AOK. Claudia hingegen bemängelt die Umstände, die dazu führen. «Früher», sagt sie und meint damit die Paarungszeit in noch getrennten Haushalten, früher also «haben wir uns von einem Kuss, einer Musik, einer Stimmung verführen lassen». Total situativer Sex sei das gewesen. Auf seiner Couch, vor ihrer Mikrowelle, unter seinem Schreibtisch. Natürlich auch im Bett, in ihrem oder seinem. Den Weg dorthin markierten Kleiderhäufchen wie die Brotkrumen Hänsels und Gretels Waldpfad. Und wie die Krümel im Wald blieben auch die Kleiderhaufen lange, lange auf dem Boden liegen. Eine Nacht lang. Ein Wochenende lang. Einen Feiertag, einen Brückentag, einen Samstag und den Sonntag hindurch. Wo sie knitterten, derweil die Bürsten im Zahnputzbecher den Aufgang des Mondes und den der Sonne verschliefen. Nur Claudia und Martin, die schliefen nicht. Lange nicht.
Den Weg zu deren Doppelbett würden Hänsel und Gretel heute nicht finden. Nicht weil der Sex in der gemeinsamen Wohnung nicht länger situativ wäre. Das ist er. Doch ist er lokativ dazu. «Bevor wir an den Punkt kommen, an dem wir uns die Kleider vom Leib streifen, sagt einer von uns beiden: ‹Gehen wir doch nach

oben›», erzählt Claudia. «Oben», das ist der zweite Stock ihrer Maisonette-Wohnung, die sich Claudia und Martin zusammen leisten können. «Oben», da ruhen die Zahnbürsten im Becher. Und gleich nebenan steht das Doppelbett (Marke: Habitat, Modell: Navona). «Oben», das ist Aprilfrische, ist kuschelweich, ist breit und so bequem. «Nach oben gehen» indes, das ist ein Balanceakt auf dem schmalen Grat zwischen Verführung und «du weißt ja, wo alles liegt». Weil sich auf der Treppe nach oben der lustgepeitschte Puls so weit beruhigt, dass sein Pumpern nicht länger die Hirne zudröhnt. «Wenn du schon mal oben bist», sagt ihres, «kannst du deine Bluse auch gleich auf den Bügel und in den Schrank hängen.» «Wenn sie schon die Bluse aufhängt», sagt seines, «kannst du auch deine Hose in den Wäschekorb stecken, aufs Klo gehen und die Zähne putzen.» «Wenn der schon im Bad stecken bleibt», sagt ihres, «kannst du auch dein Nachthemd anziehen. Und dann putz dir gleich die Zähne. Willst ja nicht mit Mettwurst gegen Elmex anstinken.» Beider Puls ist jetzt eingenickt, und es macht ein wenig Mühe, ihn wieder in Galopp zu peitschen. Schade findet Claudia das.

Aber nicht so schade, dass sie deshalb nicht mehr nach oben geht. Ist auch besser für ihre Hüften, denen Fußleisten und Schreibtischkanten gerne blaue Flecken schlugen. «Navona» ist zärtlich. Und Martin zärtlich geblieben. Und hungrig. «Glückliche Normalität», nennt es Claudia und verweist auf die Studie eines renommierten Bettgeschehenbeobachters, nach der vor allem Paare zwischen 25 und 29 oft Sex haben. Claudia ist 31, Martin 28. Sie meint, das gleiche sich aus. Und dann – Martin ist weg, wir sitzen «unten» (Wohnzimmer) und trinken Prosecco Sonntag um halb vier – zeigt mir Claudia einen Bericht in der «Für Sie». «Warum Sex ab 30 immer schöner wird». Frauen in den 20ern, schreibt darin eine Familientherapeutin, seien im Bett hauptsächlich damit beschäftigt, dem Partner zu gefallen. Das sei der «genitale Ernst der frühen Jahre». «Genau», sagt Claudia. Frauen ab 30 hingegen hätten

einen gelassenen, selbstbewussten Zugang zur eigenen Attraktivität gefunden, sich von fremden Erwartungen weitgehend gelöst. «Vielleicht erschlaffen wir deshalb rund um den Nabel», werfe ich ein und betrachte meinen, «weil wir ab 30 den Bauch beim Sex nicht mehr einziehen.» Claudia hält das für möglich.
Sieben Absätze später berichtet die «Für Sie»-Therapeutin – Oeser heißt sie, was angemessen genital klingt –, dass sich Frauen ab Mitte 30 dem «Höhepunkt ihrer sexuellen Potenz und Empfindungskraft» nähern, Männer aber schon zwischen 18 und 25 ihr Gipfelkreuz aufpflanzten. Das beunruhigt uns. Claudia öffnet noch eine Flasche Prosecco. Wir trinken. Ich prüfe den Fettanteil meines selbstbewusst erschlafften Bauchs zwischen Daumen und Zeigefinger und frage mich, wo ich den 18-Jährigen herkriegen soll, wenn ich denn auf meinem Gipfel stehe. Und ob es die Sache leichter machte, wenn ich diesem 18-Jährigen Geld anböte. Claudia bohrt die linke dicke Zehe in ihr schmalzbeiges Sofakissen. «Frauen ab 30 lassen ihre Hemmungen fallen, ihre Lust am Experimentieren wächst. Sie finden den Quickie auf dem Küchentisch genauso erfrischend wie die Nummer in der Badewanne», schreibt Therapeutin Oeser. Claudias Küchentisch ist eine Antiquität, für das von Frau Oeser als altersadäquat erachtete Adhäsionsverfahren total unbrauchbar. Und die Badewanne … «So viel Nässe um mich herum», sagt Claudia, «das macht mich ganz trocken.» Wir trinken. Und finden, dass nichts dagegen spricht, im Doppelbett zu experimentieren. Dass es in der Dusche nur in Softpornos klappt. Dass Sex im Flieger, wiewohl von der Familientherapeutin empfohlen, nicht in Frage kommt. Weil sich dort nur ein Ort für Östrogen-Akrobatik eignet: die Flugzeug-Toilette. Doch eben hier befällt uns immer diese diffuse Angst, dass der dünne Boden aufbricht und uns der Luftdruck ins Blaue saugt.
Claudia und ich, wir sind uns einig: Sex ab 30 ist schwer in Ordnung. Schon weil man nicht mehr jeden Scheiß mitmachen muss, den Familientherapeutinnen empfehlen.

Eine Flasche Prosecco später kommt Martin nach Hause. Da stoßen wir gerade auf «oben» an, auf «Navona», Marke Habitat. Martin verzieht sich schnell wieder.
«Mag sein, dass es Schweine im Weltall gibt», schreibt Bertram Kusel in der «Elle». Aber keinen Mann, der gerne hört, wie seine Freundin mit Freundinnen über Sex spricht.

Ein Mann hat 1 neue E-Mail

Datum: 18 Nov 2002 20:04:24 +0100 (CET)
Von: «Carsten Scheef» (Scheefchen@worldweb.de)
Betreff: thirty but still dirty!
An: «philipp holstein» (p.holstein@worldweb.de)

Moin, Phil,
alles neu macht der November. Julia und ich haben es uns ein bisschen nett gemacht. Im Flur haben wir jetzt Energiesparlampen. Julia sagt, die müssten dauernd brennen, denn das würde weniger Strom verbrauchen, als sie immerzu ein- und auszuschalten. So ähnlich ist es auch mit unserem neuen Doppelbett. Hat man erst mal eins, dann benutzt man es auch für Sex. Aber warum auch nicht, ist schließlich um einiges bequemer, als sich auf den Küchentisch zu wuchten, unter dem Bügelbrett zu vergnügen oder in die Badewanne zu falten. Nein, während wir früher häufig auf irgendwelchen Kellerpartys der reinen Lust frönten, ist Außerhaus-Sex heute nicht mehr so die Regel. Dafür hat man ja nun daheim die zwo mal zwo Meter Spielwiese. Sehr altmodisch. Sehr intim. Und auch sehr spießig? Keine Ahnung. Aber dafür kaufe ich mir keine Donna-Leon- oder Harry-Potter-Hörbücher. Das machen Leute, die ihre Energiesparlampen ein- und ausschalten.
Ach übrigens: Die beste Platte, zu der man Sex haben kann, ist definitiv Stone Roses' «Second Coming».
Ansonsten alles Gute.
Cheers, Carsten

Eine Frau ist sehr aufgebracht und schreibt etwas, was sie sonst so nicht schreiben würde

Natürlich haben wir darüber geredet. Frauen tun das. Später, sagte Susa. Später, sagte Karin. Später, sagte Marie, sagten Claudia und Sophie. Fast alle Frauen, die ich kenne, wollen ihre Kinder lieber später als früher kriegen. Ohnedies haben sie keine Wahl mehr. Mit 30 ist «früher» gelaufen. Ab 30-plus gibt's nur noch «später» – und dann noch ein «zu spät».

Mutter Natur? Dass ich nicht lache. Vater Natur müsste es heißen. Weil die Natur alle Jahreszeiten hindurch fruchtbar bleibt. Wie ein Mann eben. Der zeugt noch im Winter seines Lebens Apfelbäckchen-Babys. Wir aber vertrocknen schon im Hochsommer.

Mädchen kommen mit ihrem kompletten Lebensvorrat an Eizellen zur Welt. Wollte die Evolution die fruchtbaren Jahre der Frau verlängern, müsste sie diesen Vorrat enorm aufstocken, die Eierstöcke umbauen. Klappt nicht ohne extreme Schwierigkeiten. Männer hingegen sind einfach gebaut (ich weiß, das ahnten Sie bereits). Ihr Körper produziert schale Witze und Sperma nach Bedarf. Offensichtlich fiel es dem großen Heimwerker leicht, die männlichen Keimdrüsen langlebiger zu gestalten. Zum Kotzen ist das.

«Zum Kotzen» wird mir Philipp anstreichen. «‹Zum Kotzen› kannst du nicht schreiben», wird er sagen. «Wie liest sich das denn. Das passt doch nicht, ist nicht unser Stil», wird er sagen und dabei gucken, als röche er etwas, das bei 40 Grad im Schatten aus einem Gully in der Bronx hochweht. Ich werde entgegnen, dass ich es so schreiben muss. Weil das heute meine Wahrheit ist. Weil ich heute mit der Unabänderlichkeit unseres biologischen Bauplans hadere. Weil mich heute zwei Geschichten empört haben, die sich

so nur ereignen, weil Charlie Chaplin mit 73 Vater wird, aber keine Frau Mutter.
Uta ist schwanger. Susa hat's mir erzählt. Heute Morgen, am Telefon. Uta ist Augenärztin, 32 Jahre alt, erfolgreich mit Brillen und Dioptrie, in der Liebe neuerdings weitsichtig. Oder kurzsichtig? Ich weiß es nicht. Wie würden Sie es nennen? Uta liebt den Vater ihres wachsenden Kindes nicht. Nach dem, was mir Susa erzählt hat, hat sie nie einen Mann sehr lange geliebt. Irgendwann fehlte es immer an irgendetwas, zumeist an Gefühl. Nach ein bis drei Jahren trennte sich Uta, während ihre Freundinnen mit ihren Freunden zusammenblieben, zusammenzogen, Kinder bekamen. Das passiert. Uta hat es verunsichert. Zunehmend. Infolgedessen überführte sie die laue Liebe in 3 Zimmer, Küche, Bad, statt sich von Jochen zu trennen nach den üblichen zwei Jahren. Und jetzt ist sie schwanger. Weil Uta gerechnet hat. «Bis ich wieder einen finde, der von mir und mit mir Kinder haben will», hat sie Susa erzählt, die es mir erzählte, «vergehen Jahre. Dann kann es zu spät sein für mich. Dann krieg ich keine Kinder mehr.» Dieses Risiko wolle sie nicht eingehen. Von Liebe sprach sie nicht.
Für Judith ist es bereits zu spät. Vor die Wahl gestellt zwischen Lebenstraum und Traummann, entschied sie sich für Uwe, der keine Kinder wollte. Seit 15 Jahren leben sie zusammen. Judith ist 41, Unternehmensberaterin, erfolgreich darin, anderer Leute Jobs abzubauen, privat unfähig, den Liebesmitarbeiter zu entlassen, die Stelle neu auszuschreiben. Dabei ahnt sie, was ich weiß, weil es mir Claudia heute Nachmittag im Café berichtet hat: Uwe bewirbt sich anderweitig. Und das schon seit Jahren. Mit einer Frau aus dem Call-Center der Telekom hat er dieser Tage ein Blind Date. Ihre Telefonstimme habe ihn «erotisiert», sagt er. Judiths Stimme zerre an seinen Nerven. Sie lache so schrill. Über Dinge, über die sonst keiner lacht. Sie gehe lieber shoppen als ins Fitnessstudio, dekoriere lieber das Schlafzimmer, als mit ihm zu schlafen, denke lieber an ihre Karriere, als seine zu fördern. Er habe es so satt.

Claudia reicht's auch. Seit zehn Jahren hört sie Uwes Ich-bin-so-unverstanden-Litanei, Jahr um Jahr um weitere Anklagepunkte verlängert. «Geh endlich», sagt Claudia seit zehn Jahren. Und seit zehn Jahren sagt Uwe: «Ich kann Judith nicht allein lassen.» Und verschweigt den dazu gehörenden Halbsatz: «... nicht, solange ich nicht anderweitig untergekommen bin.» Gestern abend aber, erzählt Claudia, sei Uwe bei seiner Judith-Bejammerung nicht so recht mit dem Herzen dabei und schon fertig gewesen, da hatte ihr Pils noch 'ne Blume. Und dann eröffnete er ihr, dass er sein Leben überdacht habe, neue Schwerpunkte zu setzen gewillt sei und sich nunmehr sehr wohl vorstellen könne, Vater zu werden. Mit 45 fühle er sich reif dafür. Dazu lächelte er sehr glücklich. Wie ein Nächstenliebender, der etwas Menschenfreundliches geleistet hat und dafür das Bundesverdienstkreuz bekommt, das Große am Band. «Ich war total erleichtert», erzählt Claudia. Sie habe Uwes Hand gedrückt und gesagt: «Wie mich das freut für euch zwei. Jetzt müsst ihr euch aber beeilen.» Dabei habe sie gedacht, dass ohne künstliche Befruchtung in diesem Fall sicher nichts mehr zu machen sei. Uwe habe sein Bier abgesetzt, sich den Schaum aus den Mundwinkelfalten gewischt und gefragt: «Wieso ‹Euch›? Meine Kinder will ich doch nicht von Judith haben.» Es eile auch nicht mit der Vaterschaft; da warte er gern, bis die Richtige komme. Könne er sich ja leisten. Von wegen Charlie Chaplin und so.

Das werde ich Philipp erzählen. Der wird wieder gucken, als röche er was Übles. So unangenehm berührt. «Du hast ja Recht», wird er sagen, «das ist zum Kotzen. Aber musst du es auch so nennen? Kannst du stattdessen nicht ‹ungerecht› schreiben?»

«Nicht heute», werde ich sagen. «Später.»

Ein Mann hat Fieber, will aber trotzdem keinen Genital-Belüfter

Als meine Mutter mit mir schwanger war, hat sie nur noch Schwangere gesehen, sagt sie. Auf der Straße, im Fernsehen, im Kino: Schwangere, überall nur Schwangere; alle Welt war schwanger, so schien es ihr. Die Schwangeren seien in so übernatürlicher Zahl und Frequenz aus allen Ecken mit ihren schwangeren Leibern hervorgestoßen, sagt meine Mutter, dass sie schon geglaubt habe, sie seien von Pro Familia geschickt. An eine Verschwörung der Schwangeren hatte meine Mutter gedacht. Und immerfort daran, dass sie selbst schwanger war – was ja auch stimmte, aber es störte sie einfach, dass ihr pausenlos ein Spruchband mit der Aufschrift «Ich bin schwanger» durch den Kopf flatterte. Meine Mutter hatte also den Anblick der Schwangeren bald satt und wollte keine Schwangere mehr sehen und – wäre sie nicht gerade mit mir schwanger gegangen – auch selbst keine mehr sein. Zum Glück wurde sie dann bald von mir entbunden.

Seit kurz vor meinem dreißigsten Geburtstag denke ich häufig an meine Mutter. Denn jetzt geht es mir ähnlich wie ihr. Ich sehe nur noch 30-Jährige, sehe überhaupt erst mal diese 30, und merke, wie krass die Wirkung so einer Zahl auf die Menschen ist. An meinem dreißigsten Geburtstag war ich denn auch krank. Grippaler Infekt, notierte der Arzt in die Patienten-

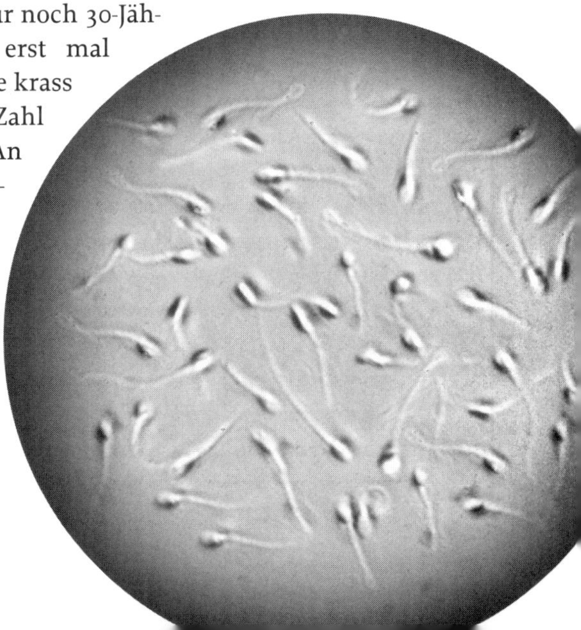

akte, also die klassische Reaktion des Körpers auf seelische Krisen.

Bis zum Abend hatte ich mich am Zuspruch meiner Freunde und an ihren Glückwünschen zu meinem Ehrentag gerade ein bisschen aufgerichtet, da landete ich beim Herumzappen mitten in einer wissenschaftlichen Sendung des WDR zum Thema Unfruchtbarkeit. Sie bestand zu großen Teilen aus mit dem Mikroskop vergrößerten, in Schwarzweiß gefilmten Spermazellen, die nicht zappelten, obwohl sie, wie der Sprecher bemerkte, eigentlich zappeln sollten.

30 ist mir in Wirklichkeit egal, ich habe kein Problem mit dieser Zahl. Den zahlreichen Bekannten, die vier, fünf Jahre vom 30. entfernt leben, trete ich selbstbewusst, fast ein bisschen weise gegenüber. Ihre sarkastischen Bemerkungen über mein Geburtsdatum überhöre, ja kontere ich mit schlagfertig hingeworfenen Spitzen über den unterschiedlichen Reifegrad, der einen viel tieferen Graben zwischen uns aufreiße, als das Alter es je zu tun vermöge. Man könnte, ohne überheblich zu sein, sagen, dass ich mit der 30 verdammt cool umgehe.

Seit dem Abend meines 30. Geburtstages aber ist das anders.

Der WDR-Bericht bezog sich auf eine, wie es hieß, bahnbrechende Studie, die einen Fehler in dem Wissen korrigierte, welches Universitäten, Zeitschriften und die von diesen Institutionen unterrichteten Menschen bislang verwalteten. Männer seien nämlich nicht erst ab 40 oder 50 Jahren in ihrer Zeugungsfähigkeit eingeschränkt. Bei einigen Herren ließe diese Fähigkeit sogar schon ab 30 ein wenig zu wünschen übrig, und spätestens ab 35 sei sie dann merklich abgeschwächt. Wie zum Beweis hielt eine vermutlich technisch hochkomplexe Kamera auf die Spermazellen eines Mannes von etwa Mitte 20. Als Frau wäre ich schon vom Zusehen schwanger geworden. Die Geißeln, wie die Biologen den Schwanz dieser Zellen nennen, wedelten und schlackerten, dass es eine Freude war. Die darauf

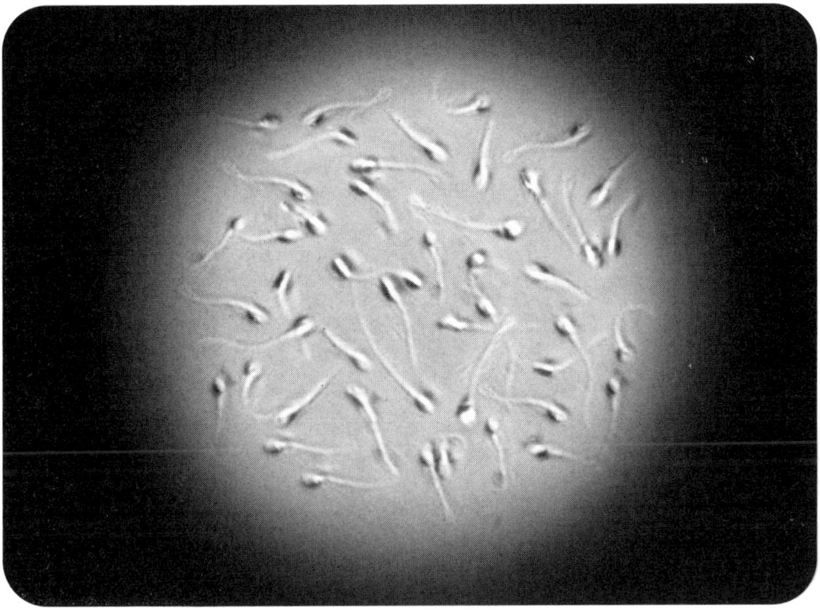

eingeblendeten Samenzellen des 35-Jährigen hatten ihre Sturm-und-Drang-Zeit offensichtlich hinter sich gelassen. Sie entspannten sich in ihrer Petrischale, den Weg durch den weiblichen Eileiter würden sie sich garantiert nicht mehr zumuten. Ich möchte solche Samen nicht in meinen Hoden. Ich möchte aktive Samen. Ich möchte Samen, die so sind, wie Fußballtrainer sich ihre Spieler wünschen. Blut und Galle sollten sie in den Augen haben, wenn sie denn welche hätten. Sie sollten keinen Einsatz scheuen, ihren Verein, in diesem Fall mich, voranzubringen. Sie sollten das Kapital, in diesem Fall meine Nachkommen, mehren. Gute Samen müssen wie gute Fußallspieler dahin gehen, wo's wehtut.
Schuld, so der Tenor des glücklicherweise nicht ironisch, sondern ganz und gar nüchtern gehaltenen Beitrages, seien die Le-

bensumstände der Menschen über den Hoden. Mit fortschreitendem Alter ernährten sich die Männer immer schlechter, sie hätten schlicht keine Zeit, auf ausgewogenes Essen zu achten. Die Arbeit werde härter, der Stress erhöhe sich, und der Umwelt geht's bekanntlich gar nicht gut. Der Mann kann nichts dafür, so das Fazit, dass er statt 113 Millionen Samenzellen pro Liter Sperma (wie um 1940 noch), derzeit nur 66 Millionen Zellen ins Messgefäß ejakulieren könne. Das sei schon bedenklich, denn ab einem Wert von 20 Millionen Zellen je Liter Sperma sei selbiges – ich sage das mit meinen Worten – Essig und nicht mehr zum eigentlichen Zweck, nämlich der Erweiterung des Genpools, zu gebrauchen.

Das also hörte ich mir am Abend meines 30. Geburtstages an, den ich fast ausschließlich im Bett verbracht hatte. Ich streite nicht ab, dass ich eine meiner zwei fiebernden Hände bei der Aufnahme dieser Botschaft unter die Wolldecke gesteckt hatte, gleichsam zur Vergewisserung des Vorhandenseins und – nachdem die Nerven meiner Finger positive Rückmeldung ans Gehirn übermittelt hatten – auch zum Schutz meines genetischen Depots.

Aber just dieser Akt archaischer Sorge um die biologische Seinsberechtigung, hörte ich, sei grundsätzlich falsch und unbedingt zu unterlassen. Denn Überwärmung, warnten die wie üblich gut informierten Medienleute, schädige die Spermienproduktion akut.

Nun ist es nicht so, dass ich mit meiner Fähigkeit zur Spermienproduktion je angeben wollte oder mich in sozialer Hinsicht an ihr aufrichten und über andere erheben würde. Auch beabsichtige ich nicht, die Zahl meiner Proselyten nur annähernd in biblische Dimensionen zu bringen. Ebenso wenig habe ich vor, in der nächsten Zeit zum Wachstum der Weltbevölkerung beizutragen. Aber ich hätte doch zu gerne die Gewissheit, all das tun zu können, wenn ich nur wollte. Bislang war ich der festen Überzeugung, dass die Organe, die die Natur dazu am männlichen Körper durch Zellteilung hat entstehen lassen, wie ein Mann zu mir stehen würden, wenn ich meinen Namen weiterzugeben beabsichtige. Seit meinem 30. Geburtstag bin ich mir da nicht mehr sicher. Denn ich bin zu jung, wie ich meine, den großen Schritt zu gehen und eine Familie zu gründen. Das ist in meinem Lebensplan zwar durchaus vorgesehen, allerdings eher zu Beginn des fünften Lebensjahrzehnts, frühestens aber am Ende des soeben begonnenen.

Ich informierte mich also über Möglichkeiten, der Überwärmung meiner Samenzellen Einhalt zu gebieten. In der Sendung «Hobbythek», die ebenfalls vom WDR produziert wird, erfuhr ich dazu Folgendes: Forscher der Universität Gießen haben eine Kühlmethode entwickelt, die dem Hoden ausreichend Erfrischung geben soll. Erprobt wurde das Produkt an einer Testperson, und zwar über einen Zeitraum von 12 Wochen. Aller Wahrscheinlichkeit nach war es ein bettelarmer Student, der sich bereit erklärt hatte, drei Monate lang einen Gurt am Körper zu tragen, an dem ein Schlauch angebracht war, durch den wiederum Luft in Richtung Hoden strömte. Zusätzlich mit Pumpe und durchlöcherten Luftkammern versehen, hielt die Vorrichtung die Temperatur der studentischen Hoden konstant unter 35,5 Grad Celsius.

Am Ende der Versuchsreihe kochte sich der abgekühlte Unterstützer der Wissenschaft dann heißblütig auf den Gipfel, und nach Erreichen des Höhepunkts maß man dreimal so viele Samenzellen in seinem Sperma wie vor dem Test. Trotz offensichtlichen Forschungserfolges verweigere ich das Tragen eines solchen Genital-Belüfters. Auch das vom Hobbythek-Team empfohlene Sitzkissen mit Ausbuchtungen zum Selbstausschneiden möchte ich nicht benutzen; und darauf, meine Lenden, wie von Jean Pütz beschrieben, kalt zu duschen, verzichte ich gern. Da saß ich nun, ein 30-Jähriger mit einer starken Erkältung, Fieber und nur noch 66 Millionen Spermien auf einen Liter Tinte.

Wenige Tage meines Lebens trennen mich seit meinem 30. Geburtstag von jugendlicher Unbeschwertheit. Der 30-Jährige könnte genauso arglos leben wie der 29-Jährige, doch macht ihn das ständige Reden über körperliches Schwächeln und seelische Krisen der 30-Jährigen zu einem grübelnd-unzufriedenen Hypochonder. Einem 30-Jährigen eben. Ich empfehle jedem 29-Jährigen, sich spätestens sechs Wochen vor dem nächsten Geburtstag einzuschließen und jeglichen Medienkontakt abzubrechen.

Leider war ich selbst nicht so klug, meinen eigenen Rat zu befolgen. Ich nehme seit meinem 30. nur noch 30-Jährige wahr, wie meine schwangere Mutter vor 30 Jahren nur noch Schwangere wahrgenommen hatte. Mit 30, erfuhr ich – inzwischen sensibilisiert für Probleme, Sorgen und Nöte meiner Altersgenossen – in den nächsten Tagen eifrigen TV-Sehens, verschlechtere sich die Leberfunktion. Zunächst war mir die Bedeutung dieser Erkenntnis nicht bewusst. Da ich keinerlei Suchterscheinungen in Bezug auf Spirituosen zu erkennen gebe, beunruhigte mich diese Meldung über die Leber, welche mir bislang nur in Zusammenhang mit dem Abbau von Restalkohol untergekommen war, nicht weiter. Dass man aber depressiv wird, wenn die Leber nach und nach schlappmacht, stürzte mich dann doch in – ja, man kann schon sagen: Depression.

Aber egal, dachte ich beim Abschalten des Fernsehers, lieber die Leber kaputt als die Eier.

Eine Frau fühlt sich unerheblich

Karin sagt, sie will. Und Claudia Schiffer ist schon schwanger. Und Nadja Auermann bekommt gleich das dritte. Und behauptet vom ersten: «Erst durch mein Kind habe ich begriffen, was wirklich wichtig ist im Leben.» Ja, da komm ich schon ins Grübeln und male mir aus, wie's wird, wenn ich die Einzige sein werde, die nicht weiß, was wirklich wichtig ist. Denn ich möchte lieber keine Kinder.

Ohne Kind – das steckt doch in Auermanns Worten – bist du kein ernst zu nehmender Gesprächspartner. Sonja sieht das auch so. Wir lernten uns im Studium kennen, saßen mindestens zweimal die Woche auf ihrem Flokatiteppich, der ein wenig nach zu lange in der Vase gestandenem Blumenstrauß roch, lernten lateinische Grammatik und spielten unsere Zukunft durch. Kinder waren in der Spielanleitung nicht vorgesehen. Nur einmal sprachen wir darüber. Und heute ärgere ich mich, dass ich kein Tonband mitlaufen ließ. Denn Sonja erklärte, dass sie, sollte sie doch ein Kind bekommen, nie zu den Müttern gehören würde, die nur über Kinder reden. Kurz vor dem Examen bekam sie eine Tochter. Ein wirklich gelungenes Kind. Ein wahrhaft großartiges Kind. Ein perfektes Kind. Müsste ich eins haben, so sollte es sein. Echt. Aber, hey, gibt's nicht noch ein anderes Thema?

Nicht für Sonja. Wenn ich mich nun mit ihr traf, saß mir eine Erleuchtete gegenüber. Eine, die eine höhere Bewusstseinsebene erklommen hatte, eine, die weiß, was wirklich unwichtig ist im Leben – mein Leben nämlich. O. k., ich hatte nicht presswehend meinen Beitrag zur Abwendung des deutschen demografischen Desasters geleistet, hatte keine Milch gegeben und wieder zum Versiegen gebracht, wurde von keinem geliebt, der jünger ist als ich, hatte keinen gelehrt, statt «verdammte Scheiße» «verflixter Euphemismus» zu sagen, aber bei mir war derweil auch was passiert. Examen. Festanstellung. Hemingway, mein Hund, tot. Hat Sonja nicht interessiert, wollte Sonja nicht wissen. Bis ich nix mehr von ihr wissen wollte. Schon aus Selbstschutz.

Ich behaupte ja nicht, dass alle Kleinkindmütter so sind. Aber wenn einige Frauen zusammenhocken, und ich bin die einzige unter ihnen, die nur ahnt, was es bedeutet, wenn dir der Arzt einen blutigen Säugling, deinen blutigen Säugling, auf den Bauch legt, fühl ich mich zuweilen sehr verloren. Und sehr, sehr unerheblich. Klar, unter einem Haufen Börsenbrokern, Formel-1-Piloten oder Schwerverbrechern ginge es mir nicht anders. Nur hat mich mit Börsenbrokern, Formel-1-Piloten oder Schwerverbrechern noch nie viel verbunden. Mit den neuen Müttern schon.

Mit einem Kind ändert sich das Leben. Muss sich ändern. Verstehe ich doch. Deshalb fürchte ich mich vor dem, was kommt, wenn meine besten Freundinnen Kinder kriegen, habe Angst, dass sich die Schnittmenge unserer Gemeinsamkeiten mit deren letzter Presswehe halbieren wird. Karin ist es so ergangen.

Fast alle ihre Freundinnen sind verheiratet und haben wenigstens ein Kind. Mit dem Telefonieren geht's schon mal los. Neulich rief Karin ihre beste Freundin Carmen an. Abends um sieben. «Du weißt doch, um 19 Uhr ist bei uns Abendbrotzeit», sagte Carmen. «Weiß ich nicht», dachte Karin und sagte es auch, «bei mir gibt's keine feste Abendbrotzeit; noch nicht mal Abendbrot gibt's immer.»

Karin und Carmen haben ihr Gespräch dann auf die Schlafenszeit (des Kindes) verlegt. Überhaupt Gespräche. Ist das Kind dabei, sprichst du zu einem Doppelwesen. Du erzählst von Liebes- und Gehaltsverhandlungen, was weiß ich. Die Freundin hört dir zu, die Kindsmutter ist anderweitig beschäftigt, wenigstens mit Augen und Händen. Sie bewahren den Kinderkopf vor der Tischkante, das Kaffeegedeck vor der Kinderhand, den Notarzt vorm Eilein-

satz und dich selbst vor lebenslangen Schuldgefühlen, weil es deine Zigaretten waren, die das Kind beinahe gegessen hätte.
Karin und die Freundinnen machen immer noch die Nächte durch – Karin in der Disco, die Freundinnen am Kinderbett. «Wenn du abends und am Wochenende nicht alleine ausgehen willst, musst du dich umorientieren», erzählt Karin. «Das ist schade, denn du brauchst, suchst und willst eigentlich keine neuen Freundinnen. Den neuen musst du erst so viel von dir erklären.» Einige frustrierende Abende habe sie so schon hinter sich gebracht. «Da sitzt du da und fragst dich, was habe ich denen, was haben die mir zu sagen. Wär ich doch besser mit Harry und Sally zu Hause geblieben.»
Indes, Mütterfreundinnen bieten Vorteile. Wenn man sich selbst

mal vervielfältigt, helfen deren Erfahrungen. «Ich weiß jetzt, in welchem Alter Kinder Zähne bekommen, wann sie laufen, sprechen, ins Töpfchen pinkeln lernen», sagt Karin, die fest entschlossen ist, diesen entwicklungsbiologischen Datenschatz mit selbst erworbenem Wissen anzureichern. Weil sie Kinder liebt. «Weil Kinder zu den wenigen sinnstiftenden Angelegenheiten im Leben gehören», sagt Karin. Sagt Sonja. Sagt meine Mutter. Sagt Nadja Auermann. Sagt mein Chef. Der hat fünf Kinder und kann kein Interesse haben, mir von diesem Glück zu erzählen, weil ich davon schwanger werden könnte und damit rausfallen würde aus dem Job. Denn welcher Mann nimmt schon Erziehungsurlaub?

Wenn Kinder so wichtig sind im Leben, wie alle behaupten, ja dann frage ich mich, warum fast alle Männer Aufzucht und Pflege ihrer Sinnstifter den Frauen überlassen. Und arbeiten gehen. Wie ich.

Ein Mann kritisiert die Zuverlässigkeit von Verhütungsmitteln

Die Verhütungsmittel sind inzwischen einfach zu zuverlässig. Es kann eigentlich nichts mehr passieren, wenn man es nicht will. Das ist gut, einerseits, andererseits schlecht – für die Fortpflanzung von Menschen wie mich. Ich würde nämlich niemals ein Kind planen. Das kann ich nicht. Ich brauche ohnehin schon übermäßig lange für Entscheidungen, selbst wenn's nur darum geht, mir im Lokal ein Gericht auf der Speisekarte auszusuchen oder im Supermarkt die kürzeste Schlange vor den Kassen auszumachen. Bei so einer schwerwiegenden Frage wie Nachwuchs ja oder nein komme ich vor lauter Abwägen, Dagegenhalten und Dafürsprechen nie zu einem Ergebnis. Wären die Verhütungsmittel nun aber weniger wirkungsvoll, würde hin und wieder mal eine Panne passieren und ich mit dem naturgemäßen Ergebnis dieses statistisch durchaus nicht seltenen Unfalls konfrontiert, dann würde ich mich auch damit abfinden. Das wär dann eben so, kann man nichts machen, kriegen wir auch noch satt, den Schreihals. Aber planen? Nie.
Stefan und Julia hatten Mathilda auch nicht geplant. Die kam ganz überraschend. Behaupten sie zumindest. Was verblüffend ist, da beide Medizin studieren und wissen müssten, dass von nichts nichts kommt. Na ja, wir haben neulich bei der Jungfamilie vorbeigeschaut, Sonntagnachmittag, die klassische Besuchszeit bei solchen Anlässen. Stefan und Julia leben in einer Dachwohnung, die wegen der herumliegenden Lehrbücher, dem zusammengesuchten Geschirr und dem Bruce-Springsteen-Poster an der schrägen Wand eher nach Studentenbude als nach Elternhaus aussieht. Überall lagen Stofftiere herum, als hätten alle Verwandten und Bekannten zu Mathildas Geburt etwas zum Kuscheln verschenkt.
Jungvater Stefan saß breitbeinig im Sessel, rieb sich schmun-

zelnd die Hände und sah stolz aus. Julia war sicher auch stolz, man sah es ihr in dem Moment allerdings nicht an. Sie hatte Ränder unter den Augen und machte einen matten Eindruck. Das Geschirr stapelte sich in der Kochecke, der Frühstückstisch war noch nicht abgedeckt, und auf dem Couchtisch, um den herum wir saßen, lag der Karton von einer Milchpumpe. Sie hatte 19,90 gekostet. Das stand auf dem Preisschild. Im Raum hing ein süßlicher Duft.

Während die arme Mathilda rumgereicht wurde wie ein Joint, wog Stefan, mit dem ich mich früher hauptsächlich über Fußball unterhalten hatte, Wassergeburt gegen Hausgeburt ab. «Mensch», sagte ich, um die Themenwahl etwas aufzulockern, «bald nimmst du Mathilda mit ins Stadion.» Aber Stefan meinte nur «mal sehen».

Mit Jungeltern kann man sich nicht richtig unterhalten. Die sprechen ausschließlich über Kinder und sind dabei so bierernst, dass ich total eingeschüchtert bin. Mich würde zum Beispiel wirklich mal interessieren, ob man sich mit einem Kind am Bein überhaupt noch was leisten kann oder ob man nur noch in Strampler, Windeln und Maxi-Cosy investiert. Ich würde ebenso gern wissen, wann so ein Kind anfängt, nachts durchzuschlafen. Aber ich traue mich gar nicht, das zu fragen, weil ich dann bestimmt wieder angeguckt werde wie einer, der hinterm Mond hervorkommt. Und auf dieses gönnerhaft belehrende Getue, das dann folgt, habe ich wirklich keine Lust.

Überhaupt kann man sich Jungeltern gegenüber nur falsch verhalten. Mein Freund Andreas hat mich eines Tages beiseite genommen und mir mit todernster Stimme erzählt, dass seine Freundin schwanger ist. «Mist», hab ich gesagt, «packt ihr das finanziell überhaupt?» Später warf man mir von mehreren Seiten mangelndes Feingefühl vor und fehlenden Sinn für Romantik. Dabei war ich wirklich besorgt. Aber wenn erst mal Kinder ins Spiel kommen, verändern sich die Menschen. Die sind dann hauptberuflich Eltern und fühlen sich irgendwie erhöht, glaube ich. Wahrscheinlich, weil sie ihre biologische Bestimmung erfüllt haben und man selbst noch nicht. Archaische Überlegenheit wird das sein. Als hätte es die Aufklärung nie gegeben.

Irgendwann überreichte Julia mir das kleine Decken-Bündel, aus dem Kopf und Hände ihrer Tochter schauten. Mir fiel das altmodische Wort «Würmeling» ein. Das war doch dieses Bahnticket für Großfamilien, benannt nach einem ehemaligen Familienminister. Ich fühlte mich ein bisschen wie früher beim Kaffeetrinken bei meiner Oma, wo ich die Tassen so übervorsichtig angefasst hab, weil es immer hieß, wie alt und kostbar die seien. Ich verkrampfte. Mathilda auch: Ihr Gesicht verzog sich ganz fürchterlich, für einen Moment hätte man denken können, sie höre auf zu atmen, aber dann schrie sie in einer Lautstärke los, die ich ihr gar nicht zugetraut hätte. «Wie immer – kaum fasst er eine Frau an, fängt sie an zu schreien», sagte Uwe.

Julia nahm mir das Bündel wieder ab, weil sie Mathilda stillen wollte. Sie ging nach nebenan, alle sahen ihr eigenartig verklärt hinterher. Bloß ich nicht, weil sich das Ganze hinter meinem Rücken abspielte.

Weil alle immer so gestelzt-lebenserfahren tun, wenn's um Kinder geht, fühle ich mich in einsamen Momenten wie so eine Art Will Freeman, dieser egoistische Typ aus Nick Hornbys Buch «About a boy». Der sieht in Kindern nur einen Weg, an allein stehende Frauen ranzukommen. Dabei hab ich mir für den Fall der Fälle durchaus schon den einen oder anderen Plan zurechtgelegt. Ich würde zum Beispiel nie mit verstellter Stimme zu meinem Kind reden, wie das fast 80 Prozent der Jungeltern tun, die ich kenne. Ich würde es ernst nehmen und auch so mit ihm sprechen. Das sage ich in der Öffentlichkeit aber nicht, weil mir das Getue schwer auf den Geist geht.

«Sie hat keinen Hunger», sagte Julia und gab mir Mathilda zurück. Rod Stewarts Lied «Waltzing Mathilda» ging mir im Kopf rum und machte mich ganz irre. Mathilda fing wieder an zu schreien. Ich zog für sie Grimassen, kitzelte sie – brachte alles nichts. Ich gab sie Julia zurück, und Mathilda wurde ruhig. Alle hatten ihren Spaß.

Wäre ich erfahrener mit Kindern, vielleicht sogar selbst Vater, dann hätte ich den Eltern gesagt: Ihr müsst Euren Nachwuchs mal besser erziehen!

Wenn ich selbst Vater wäre, dann hätte ich zu Mathilda gesagt: Fräulein, wenn du weiterhin so etepetete bist, dann will sich in der Schule niemand neben dich setzen, und einen Mann bekommst du auch nicht ab!

Aber ich bin ja kein Vater.

Eine Frau freut sich, dass sie keine Biene ist – und träumt davon, ein Schwein zu sein

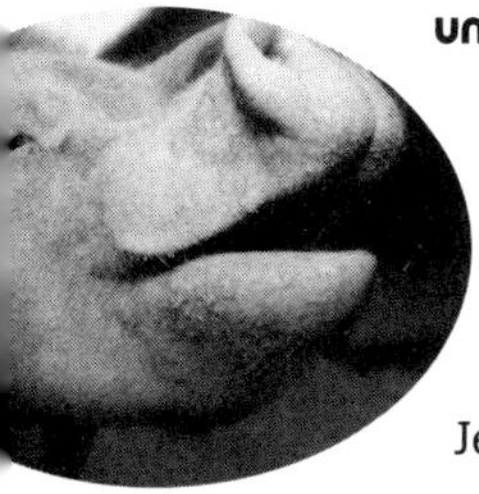

Jeden Dienstag freut sich Claudia, dass sie Martin hat. Nicht nur dienstags, aber dienstags immer.

Warum?

Jeden Dienstagabend sehen Claudia und Martin zusammen fern: «Sex and the City» auf Pro7. Jagdszenen aus New York, in den Hauptrollen Single-Frauen Anfang 30. Carrie, Miranda, Charlotte und Samantha. Eine Folge dauert 45 Minuten. Und wenigstens einmal in dieser Dreiviertelstunde sagt Claudia zu Martin: «Danke, dass ich da nicht mehr rausmuss» oder so ähnlich. Da draußen, das zeigt «Sex and the City» nämlich ganz deutlich, da draußen kann dir als Single-Frau alles passieren. Chlamydien zum Beispiel.

Miranda bekam sie letzten Dienstag. Irgendein New Yorker Anwalt hat ihr die Dinger angedreht. Für zehn Minuten Rein-raus-und-jetzt-bitte-Applaus-Sex. Schlechter Deal. Chlamydien sind irgendwelche fiesen Erreger, die man gar nicht bemerkt, für Männer völlig ungefährlich, für Frauen nicht (warum kriegen die immer alles ab?). Den Frauen lassen Chlamydien die Eierstöcke schrumpeln; unfruchtbar können sie davon werden. Darum riet Mirandas Frauenarzt Miranda, sich regelmäßig auf Chlamydien testen zu lassen, von wegen Single und so. Und verschrieb ihr Antibiotika.

Oder vorletzten Dienstag. Da ließ sich Carrie von einem Senator in gesetztem Alter aufreißen, Mischung aus jüngerem Blacky Fuchsberger und dünnerem Richard Gere, sehr distinguiert, ausgesuchte Manieren. Sie unterhielten sich gut, trafen sich wieder, unterhielten sich besser, hatten guten Sex, trafen sich noch mal. Dieses

Mal im Bett. Wo der Senator Carrie bat, ihn anzupinkeln. Na bravo.
Vor Aids schützen sich Singles mit Kondomen, bei Chlamydien bleibt immer noch die Nachsorge. Aber was schützt uns vor der Verliebtheit in einen sexuell – wie nenn ich's? – außerordentlichen Mann? Nichts, nicht mal Antibiotika. Auch das zeigt «Sex and the City». Und das Leben.
Zwei Dinge habe ich stets gefürchtet: mich in einen Metzger zu verlieben. Und: mich in einen Masochisten zu verlieben. Tiere rühren mich allein durch ihre Existenz. Das hätte ich nicht ertragen, den Angstschweiß der Schweine an seinem Hemdkragen zu riechen, das geronnene Blut der Lämmer unter seinen Fingernägeln zu sehen, ihm Freitagnacht und vor den Feiertagen helfen zu müssen, klein gehackte Kälber in mattweiße Pellen zu pressen. Und am Mittagstisch hätte es auch immer Streit gegeben, weil ich doch kein Fleisch esse. Gewalt gegen Menschen ertrage ich auch nicht. Könnte ich nicht, meinen Masochisten mit der siebenschwänzigen Katze bearbeiten und am Morgen dann der Putzfrau ganz lässig erklären, all die Blutspritzer an den Schlafzimmerwänden stammten von den Stechmücken, die mein Masochist und ich des Nachts zerklatschten. Was soll ich sagen: Einmal in 30 Jahren hat sich ein Metzger in mich verliebt. Näher bin ich dem Horror nicht gekommen.
Karin doch. Ewig-lang-allein-und-schon-30-Karin. Die schlau ist und schön und liebenswert, eigenes Geld verdient, keinen Mann braucht, sich aber einen wünscht und Familie dazu, irgendwann. Irgendwann recht bald, weil mit 30, sagt Karin, «tickst du ja schon». Karin also hatte es satt, da rauszumüssen. Hatte dort auch schon alles erlebt. Sie wollte nicht noch mehr. Vor allem keine Überraschungen mehr. «Es müsste eine Art Pizza-Taxi für Männer geben», sagte sie, «du bleibst gemütlich zu Hause, suchst dir einen von der Karte aus, siehst gleich, was der dich kostet, und wartest auf die Lieferung.» Was dem Typen-Taxi dann noch am nächsten

kam, fand Karin in der Frauenzeitschrift «Amica». Die offerierte «Singles zum Verlieben», mit Ganzkörperfoto, Hobbys, Maßen und Gewicht. Karin glaubte, das Angebot durchlaufe zudem eine gewisse Qualitätskontrolle, weil die Singles im Fotostudio von «Amica» antanzen und sich dort mit einem Redakteur unterhalten müssen. Das stimmt auch, aber leider, leider müssen die Singles nicht auch noch mit den Redakteuren schlafen. Anderenfalls wäre Ulf nämlich nie ins Blatt gekommen, jedenfalls nicht ohne Warnhinweis. Jener Ulf, den sich Karin aussuchte.

Er war 32 und sah ziemlich gut aus, wenn man auf sehnige, kernige, auf dem Kopf sehr kurz geraspelte blonde Männer steht. Unter Hobbys hatte Ulf Triathlon angegeben, unter Traumfrau irgendein romantisches Blabla, das ich vergessen habe, weil es das war, was alle Männer angeben, weil sie glauben, das wollten Frauen hören. Alles gelogen. Ulf gefiel Karin. Sie schickte ihm einen Brief, legte ein Foto bei. Karin gefiel Ulf auch. Sie trafen sich in einem Café und hatten sich was zu sagen. Er erzählte, dass er Leistungssportler sei und sich deshalb die Beine rasiere. Wegen des Luftwiderstands. Und dann erklärte er noch, dass er sich niemals mit ihr verabredet hätte, wenn sie ihre schwarzen Haare lang trüge. Danach besprachen sie die Weltlage und verabredeten sich ein zweites Mal. «Er ist so männlich», lobte Karin am Telefon. Nach dem dritten Date lobte sie nicht mehr; da heulte Karin in den Hörer.

Ulf hatte «eklig» gesagt. Dabei hatte er auf die schwarzen Löckchen unterhalb von Karins Bauchnabel gestiert. Unterhalb seines eigenen Nabels lockte sich gar nichts, nicht an den Beinen, nicht auf der Brust, nicht unter den Achseln, nicht mal in der Nase. «Total kahl rasiert», schrie Karin. Er habe ihr eine Packung Heißwachs in die Hand gedrückt und sie Richtung Bad geschubst. «Mit deinem Fell», hatte er gesagt, «geht bei mir gar nichts.» Karin ging. Bravo.

Wie tröstet man eine heulende 30-jährige Single-Frau, die gerade von einem Haar-Phobiker gedemütigt worden ist? Ich erwog, Karin die Geschichte mit den Chlamydien und jene mit dem Natursekt-Senator zu erzählen. Doch dann würde sie ja ahnen, dass alles noch schlimmer kommen kann. So erzählte ich ihr von den Bienen. «Bei den Bienen», sagte ich, «zerreißt es die Männchen beim Orgasmus. Seien wir dankbar, dass wir keine Biene sind.» Karin heulte. «Denk an Stockenten-Weibchen», sagte ich, «die haben nie guten Sex. Sie werden immer gleich von einer ganzen Horde Erpel vergewaltigt und dabei fast ertränkt.» Karin weinte. «Wärst du Gottesanbeterin», sagte ich, «müsstest du deinem Partner im Bett den Kopf abbeißen. Würde dir das gefallen?» Karin schluchzte.

«Die marinen Igelwürmerweibchen», sagte ich, «finden nie ihren Traummann. Sie übersehen ihn einfach. Weil der so klein ist, 200.000-mal kleiner als sie.» Karin seufzte. Dann fragte sie, noch ganz atemlos geschluchzt: «Und wie ist das bei den Schweinen?»

«Ich weiß nicht», sagte ich.

Das war gelogen. Bis zu 30 Minuten währt der Orgasmus bei weiblichen Schweinen.

Ein Mann weiss, dass Einsame nur freitags glücklich sind

Freiheit und Elend liegen im Single-Leben nah beieinander. Es trennt sie nur die Nacht von Freitag auf Samstag.
Freitags ist alles ganz toll. Die Woche ist zu Ende. Das Wochenende hat noch nicht richtig begonnen. Zwischenzeit. Das ist der verheißungsvolle Moment des Wartens: auf einen Anruf, das Klingeln an der Tür oder einfach auf die verabredete Uhrzeit. Warten, das heißt in diesem Falle, dass Musik läuft, laute Musik. Warten, das heißt, dass der Kühlschrank hergibt, was er an Getränken eben erst geschluckt hat, und dass der Kleiderschrank offen steht. Singles erkennt man in Clubs daran, dass sie die besten Klamotten tragen. Warten, das heißt, schmunzeln müssen, ohne so recht zu wissen, warum.
Mehr ein Erwarten des Aufbruchs eigentlich. Diese Stimmung entspricht dem Moment, da noch alles möglich ist und das Wochenende die Erwartungen nicht nur erfüllen, sondern übertreffen könnte. Schwebe. Dieser Moment ist der perfekte Moment. Die Erfüllung ist ganz nah. Denkt der Single.
Du willst jemanden kennen lernen, also lernst du jemanden kennen. So denkt der Single am Freitag. Die Geschwindigkeit der Werkwoche wirkt nach, es geht druckvoll zur Sache. Eins-zwei-drei-los, als würde man einen schnellen Popsong anzählen. Der Alles-ist-möglich-Gedanke beschwingt. Wie ein Seufzer klingen die Namen der Feste, die man in amerikanischen Firmen am Ende der Woche mit den Kollegen feiert: «Thank God it's Friday». Gott sei Dank, es ist Freitag: Verheißung schwingt darin mit, Erlösung auch.
Am Freitagabend geht es dem Single um das Erträumen perfekter Welten. «Heute ein König», in dem Sinne. Die perfekte Welt wird für ihn immer von zwei Menschen bewohnt, von ihm und dem oder der anderen. Der Single ist ein stark auf die Zukunft

ausgerichtetes Wesen. Denn in der Zukunft wird der Single nicht mehr Single sein. Denkt der Single. In der Gegenwart ist der Single doch nur Transitreisender: Klar, ich bin jetzt allein, aber eigentlich sehe ich mich nicht als Einzelgänger. Oder: Gegenwart, werd endlich Vergangenheit, damit ich eine Zukunft habe!

Die nächsten zwei Tage werden aufsehenerregend erinnerungswürdig. Denkt der Single. Er hat zwar niemanden, aber das wird sich gleich ändern. Weil der Single am Freitagabend abchecken wird, klar machen, rumbaggern, abschleppen, aufreißen, rumkriegen und – natürlich – wahre Amore finden. Samstag dann ausschlafen, später mit Freunden am Telefon den Vorabend durchgehen, ein bisschen übertreibenprahlenangeben, sich herausputzen und die Person treffen, die man gestern Abend zuletzt geküsst hat. Das ist es, wovon im Geiste geflüsterte Worte zum Freitag im Wesentlichen handeln. «Friday I'm in Love», heißt eins der fröhlicheren Lieder der Depri-Popper von The Cure.

Nur, wie's so geht: Allermeistens werden die großen Erwartungen ja doch nicht erfüllt. Die Freunde, mit denen man freitags verabredet ist, sind tranig, kaputt und unmotiviert, außerdem kommen sie paarweise und hauen früh wieder ab, paarweise. Zwischendurch knutschen sie, und dann wird der Single ein klein wenig traurig, weil er auch gern knutschen würde und all das. Aber er tut aufgekratzt, lässt sich nichts anmerken und wippt ein bisschen den Kopf zur Musik.

Die Wahrheit ist: Er lernt niemanden kennen, und zum Knutschen kommt es schon mal gar nicht. Deshalb trinkt er, eins, noch eins, wenigstens «Beck's Gold», das korrespondiert so schön mit der Farbe von des Singles Herz. Frustsuff bleibt das aber dennoch, denn es ist ja nicht alles Gold, was glänzt. Flirten geht danach nicht mehr, die emotionale Feinmotorik ist längst ersoffen im Bier und mit ihr der schwärmerische Esprit des

Sehnenden. Statt zu glänzen, kann er nur noch glotzen und grinsen und feuchte Aussprache haben und austreten und schließlich merken, dass der Wunsch nach Kopulation, zu welchem der Alkohol das Liebessehnen degeneriert hat, allein nicht charmant macht. Im Bett liegt er dann früh und allein. Immerhin sieht er doppelt.

Man merkt es schon, der Freitagabend kann von der nadeldünnen Linie zum Samstag ruck, zuck in die Schwermut stürzen. Und meist tut er das auch. Alles oder nichts, so ist das eben. Gestrandet am Samstagmorgen. Der Samstag ist für den Single ein ganz schreckliches Datum. Der Samstag ist nämlich zum Händehalten da, er ist so etwas wie der Trainingstag für angehende Familien. Paare gehen zusammen in die Stadt, schauen sich Möbel und Deko an und bauen sich dabei in Gedanken ein Nest. Der Single stört da nur, den mag man höchstens mal zum Kaffee zwischendurch treffen, dann hat man auch noch seine gute Tat abgehakt. Nach solchen Kaffee-Treffen geht der Single Klamotten kaufen (damit er nächsten Freitag vorzeigbar aussieht) und Bücher (damit er dieses Wochenende halbwegs würdevoll rumbekommt) und Steaks (wer satt ist, sehnt sich weniger) und Blumen (damit er's auch bisschen nett hat daheim).

An das verheißungsvolle Freiheitsgefühl, an dem sich der Single gestern noch besoffen hat, erinnert am Samstag nur noch ein Kater: eine zähe Mischung aus Weltschmerz und Selbstmitleid. An Samstagen seufzt der Single oft. Er sitzt zu Haus, dabei ist es dort am schlimmsten, einsam zu sein. Aber wenn er sich mit Kumpels zum Fußballgucken verabreden will, wird er merken, dass kaum noch jemand Zeit hat für ihn. In dieser Situation knüpft er neue Freundschaften zu Leuten, die er vorher gar nicht so sehr mochte. Nur weil sie samstags auch einsam sind – und die anderen, die er mag, andere haben, die sie noch lieber mögen.

Es gibt ab und an Momente an diesen Samstagen, da ist der Single ganz bei sich. Da sitzt er auf seinem Sofa, nippt an Wein oder Bier und fühlt sich seltsam leicht. Es läuft die Musik, die er am liebsten hört, und er genießt es, sein schwereloses Sein von diesen Klängen begleiten zu lassen. Er denkt an nichts, was im Bereich der Wirklichkeit läge, er ist abwesend und mit sich selbst im Reinen. Die Musik lullt ihn ein, birgt ihn, hebt ihn auf. In diesem Augenblick ist der Single glücklich. Das würde er gern jemandem erzählen. Aber wem denn bloß? Und schon ist der Single zurück in der trübsinnigen Realität.

Aber egal, auch der Samstag geht vorbei. Am Sonntag trifft sich der Single dann mit befreundeten Paaren zum Brunch. Da ist er wieder gut drauf. Denn er weiß: Der nächste Freitag kommt bestimmt.

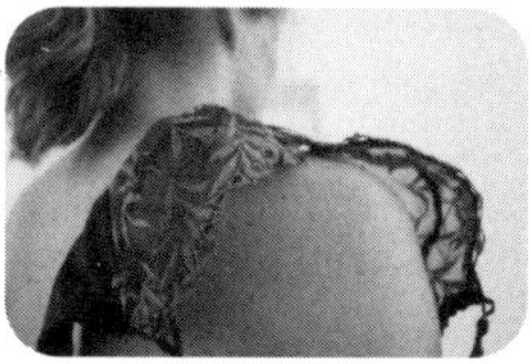

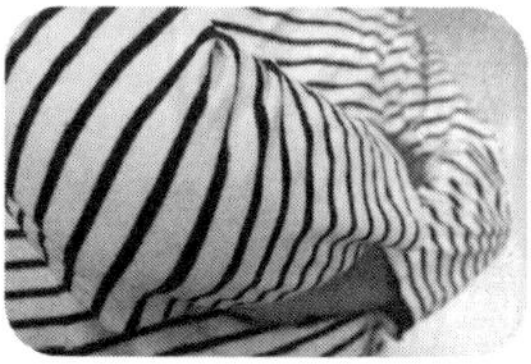

30 wird der Körper – gegen unseren Willen. Gedanken lassen sich verdrängen, Augenringe und erste Falten jedoch nicht übersehen. In einer Gesellschaft, in der graue Haare unangenehmer auffallen als graue Zellen angenehm, ist das ein echtes Problem. Muss Philipp nun also Gedichte auswendig lernen, um von seinem Bauchansatz abzulenken? Sollte Kathrin besser darauf verzichten, sich kindische Spängchen ins Haar zu

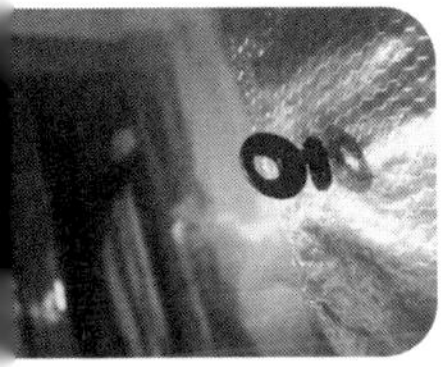

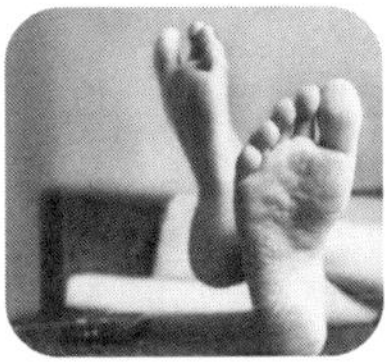

klemmen? Und wenn wir es nicht wissen, weiß es «Marie Claire»? In weiteren Rollen: ein Jesus-Ring, zwei Brüste, Körbchengröße B und D, ein CSU-Kandidat, eine Schrankwand, eine Nutrilift-Nachtcreme und ukrainische Kinder.

Eine Frau vergleicht ihren Busen

Mit 30, sagen unsere Mütter, hast du das meiste noch vor dir. An guten Tagen höre ich das Versprechen darin. Dann freue ich mich, ohne zu wissen, worauf. An schlechten Tagen fahre ich abends im Inter-Regio von Wuppertal nach Düsseldorf. In Nahverkehrszügen leuchten die Deckenlampen immer sehr grell. Ich sitze am Fenster und betrachte mein Gesicht in der Scheibe. Die Schatten unter den Augen. Die Linien, die Nasenwurzel und Mundwinkel verbinden. Bei Nacht im Inter-Regio, mit 100 Watt von oben links, sehe ich, was ich schon hinter mir habe. Und weiß genau, was mich erwartet. Noch acht Jahre bis zum Tränensack. Noch zehn bis zum Krähenfuß. Noch 15 bis zur Menopause. Ich schlage den Schaffner zu Boden, ziehe die Notbremse und steige aus.
Kaum gezeugt, verfallen wir. Ab dem 20. Lebensjahr verliert die DNA jährlich ein Prozent ihrer Reproduktionsfähigkeit, das Herz ein Prozent seiner Leistungskraft. Wenig später zeigt das Gedächtnis erste Ermüdungserscheinungen. Die Muskeln werden schlaffer, die Poren größer, an der Oberlippe faltet sich die Haut. Wo all das hinführt, sehen wir an Brigitte Bardot. Wissenschaftler nennen es Biomorphose – ein «sich über die gesamte Lebenszeit erstreckender Prozess irreversibler Veränderungen». Susa nennt es Einschrumpeln. «Vor allem an Bauch, Hals und Oberschenkeln», klagt sie. Neulich abends, bei ihr zu Hause, haben Susa und Karin ihre beeindruckenden Oberweiten freigelegt und miteinander verglichen. Danach waren beide etwa eine Stunde lang frustriert. Wegen der Schwangerschaftsstreifen (Susa und Karin waren nie schwanger) und der Schwerkraft. «Meine Titten lassen sich hängen», rapportiert Susa am Telefon. Ich rechne. Denke an Einsteins Relativität und was sie für meine Brüste (B-Körbchen) im Ver-

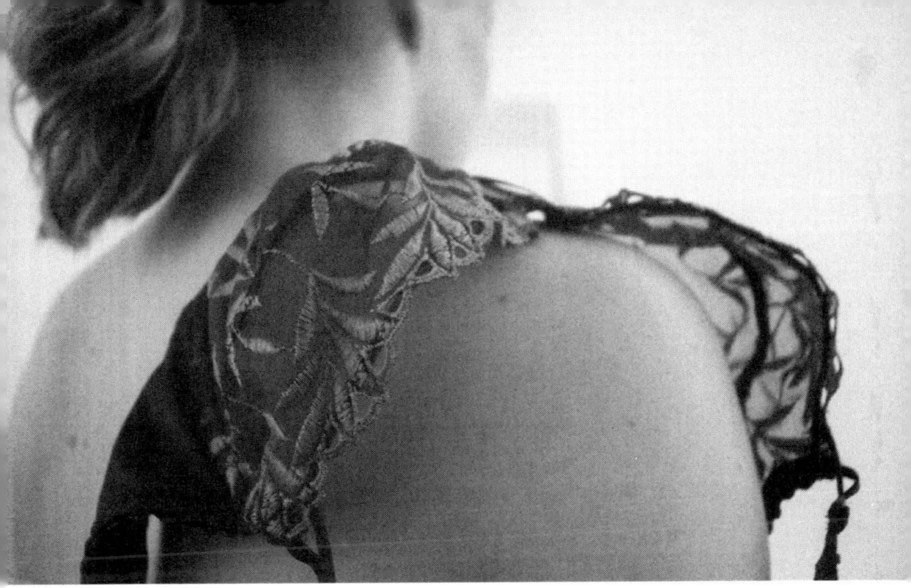

gleich zu Susas Brüsten (D-Körbchen) bedeutet. Thomas sagt: «Vergiss es!» Also vergesse ich es. Bis mich Gleichaltrige erinnern. Neulich zum Beispiel. In Günzburg. Wir kamen mit dem Auto von München, und ich wollte etwas erleben. Etwas sehen, was ich noch nie gesehen habe. Günzburg hatte ich noch nicht gesehen. Außerdem liegt die Stadt direkt an der Autobahn, was den Ausschlag gab. Die Günzburger wählten an diesem Tag Bürgermeister und Stadträte. Auf dem Marktplatz tranken wir Kaffee, um uns herum nur Langeweile und Wahlplakate. Neben mir pinkelte ein netter Hund an den Laternenpfahl. Darüber empfahlen sich die Stadtratkandidaten der CSU. Mit Bild und Kurzbiographie. Joachim S. sah am besten aus. Gut frisierte dunkle Haare, erste Silberstreifen an den Schläfen. Unternehmensberater. Verheiratet. Ein Mann, der sich entschieden hat. Für eine Frau, einen Frisör, die falsche Partei. Da hätte ich ihn noch gewählt. Bis ich sein Alter las: 29. Das bin ich nicht, habe ich gedacht. Und noch einmal, als ich die Frau sah, die die SPD als Bürgermeisterin anbot. Die war auch erst 30 und offensichtlich fertig mit allem. Unvorstellbar, dass sie keine Eigentumswohnung hat, keine Nutrilift-Nachtcreme und kein «Firming Body Concentrate» für die reife Haut.

Das bin ich nicht, denke ich oft, wenn mir ein sehr ausgewachsener Vertreter unserer Altersklasse begegnet, zum Beispiel eine Schulkameradin (verheiratet, zwei Kinder), die ich zehn Jahre nicht gesehen habe. Oder Anne Will in den Tagesthemen. «Schau ich auch schon so alt aus?», frage ich Susa. Und Susa fragt es mich. Oder sie fragt Karin, die es sich auch fragt. Selbst an guten Tagen ahnen wir alle, dass die Biomorphose auch uns verändert. Dann müssen wir erst Anne Will sehen, um zu erkennen, dass es stimmt. Oder die anderen sagen es uns. Etwa die Kellnerin im «Schiff Ahoi». Ich duze sie, weil wir vermutlich ein Alter sind. Sie siezt mich.

Und mein Mittelscheitel bestätigt die Frau. Das erste weiße Haar, den ersten wirklich greifbaren Beweis meiner Biomorphose, habe ich noch ausgerissen und aufgehoben. Als Mahnung, dass das Leben kurz ist und ich weniger arbeiten sollte. Jetzt reiße ich nur noch aus. Geht doch.

Ein Mann schaut an sich hinunter

Was ist eigentlich ein Geheimrat? Das Wort begegnet mir in der letzten Zeit häufiger. Meine Mutter hat neulich gesagt: «Guck mal, du hast ja Geheimratsecken.» Sie wollte wohl sagen: So, jetzt gehen dir langsam die Haare aus. Erst vorne, dann in der Mitte und am Ende hast du eine korrekte Glatze. Oder, noch schlimmer, so einen Haarkranz wie Manfred Krug. Damit kann man dann gar nichts mehr reißen. Rein aussehenstechnisch. Gesagt hat sie das zwar nicht, ist schließlich meine Mutter, aber gedacht, glaube ich.

Ich will keine Glatze haben. Ich kann gut darauf verzichten. Das würde nämlich überhaupt nicht zu mir passen. Abends beim Fernsehen stehe ich häufig auf und gehe ins Bad, zur Kontrolle. Ich setze mich auf den Klodeckel und schaue in den Spiegel. Meist ziehe ich vorne an den Haaren. Wenn ich dabei keins ausreiße, müssten die Wurzeln doch noch total kräftig sein. Ich ziehe aber lieber nicht so richtig stark.

Einmal ist mir bei einer meiner Badsitzungen ein Gedicht von Robert Gernhardt eingefallen. «Das Schöne verscheidet, scheidet, flieht – /fast tut es weh, wenn man es sieht (...) Das Schöne gibt uns Grund zur Trauer. / Das Hässliche erfreut durch Dauer.»

Ich will nicht hässlich sein. Ich kann gut verzichten aufs Hässlichsein.

Christian hat gesagt, es gibt drei Dinge, die einem das Älterwerden vermiesen. Optisch gesehen. A) Haarausfall B) Wampe C) Graue Haare. Haarausfall hatten wir gerade. Also jetzt der Bauch, die Sau. Von dem kann ich auch ein Lied singen.

Früher, als meine Mutter mir noch meine Anziehsachen aussuchte, dachte ich oft, die Leute gucken mich schräg an. Wegen meiner auffälligen Schuhe, des albernen Mantels oder so. Ich fühlte mich eben unwohl in den aufgezwängten Klamotten,

die gehörten nicht zu mir. Heute such ich meine Kleidung selbst aus. Die Leute, scheint mir, gucken aber immer noch so komisch. Auf meinen Bauch.
Ich bin nicht dick, eher schlank sogar. Aber da ist dieser pralle Bauch. Ein Kugelbauch. Morgens, wenn ich noch nichts gegessen habe, geht's noch; nach dem Mittagessen überhaupt nicht mehr. Manchmal, wenn ich krumm vor dem Computer sitze und an mir runtergucke, erschrecke ich mich, so dick ist er. Ich setz mich dann sofort gerade hin und zupf mein T-Shirt ein bisschen nach vorn. Kaschieren heißt das bei Dicken.
Christian hat sich jetzt seinen ersten Pullover in XXL gekauft. Der hat aber auch eine Kumme. Also, so weit bin ich noch nicht.
Wobei: Im Badezimmer hab ich mich mal seitlich vor den Spiegel gestellt, um meinen Bauch im Profil sehen zu können. Ich musste lachen, weil das so unwirklich, so nach ganz schlechter Mike-Krüger-in-dem-Film-Seitenstechen-Maskierung aussah.
Wäre das schön, wenn es mit dem Bauch so einfach wäre wie in Boris Vians Roman «Der Schaum der Tage» mit den Pickeln. Da steht Colin im Badezimmer und guckt bei Licht in den Spiegel, «um den Zustand seiner Haut zu prüfen. Einige Pickel erhoben sich im Umkreis seiner Nasenflügel. Als sie im Vergrößerungsspiegel ihrer Hässlichkeit gewahr wurden, zogen sie sich unter die Haut zurück, und Colin schaltete befriedigt die Lampe aus.»
Joggen bringt irgendwie auch nichts. Und für Sit-ups bin ich dann doch zu faul. Außerdem: Sandra sagt, ihr mache das nichts mit dem Bauch. Nur hat sie dann so fies mit zwei Fingern reingegriffen und gelacht. Mit Würde hat das nichts mehr zu tun.
Bleibt das graue Haar. Ist mir zum Glück ziemlich egal, damit habe ich kein Problem. Uwe aber. Der hat richtig Pech, bekommt an den Seiten und direkt vorne über der Stirn so eine

Art Graues-Haar-Gerinnsel. Sieht bescheuert aus. Seitdem trägt er die Haare rappelkurz, geht ja auch gar nicht anders.
Bei Frauen muss das ja total schlimm sein mit der Ich-glaub-ich-werd-grau-Hysterie. Letztens hab ich Sandra dies Gedicht von Brecht vorgelesen, wo sich ein Mann morgens von seiner Geliebten verabschiedet und ihr erstes graues Haar bemerkt. «Und lass uns die Gespräche rascher treiben / Denn wir vergaßen ganz, dass du vergehst. / Und es verschlug Begierde mir die Stimme.» Sandra ist ziemlich sauer geworden. Nun ja, «immerhin Begierde» habe ich gesagt. Da war's dann ganz aus. Was ich damit sagen will: Den kosmetischen Verfall kannst du gar nicht aufhalten.
Oder? Ach, ich weiß es doch auch nicht. Was ich inzwischen aber weiß, ist, dass Geheimrat bis zum Ersten Weltkrieg ein Beamtentitel war. Ein recht hoher, weswegen diese Leute schon ziemlich alt waren. Und Geheimratsecken hatten.

Eine Frau trägt Trash

Der Sohn meines Chefs liebt meinen Look. Till ist vier.
Ich trage stoppschildrote Schnürstiefel mit dicken Hartplastiksohlen (aus Italien, sehr bequem), blumenbestickte Westen (aus Guatemala, geerbt), Jeans, Shirts, Plastikschmuck. Auf meinem derzeitigen Lieblingsring schiebt Jesus, eingefasst in rote Strasssteinchen, mit der linken Hand sein Hemd zur Seite und zeigt sein flammendes Herz. Till meint, das habe Klasse; Stefan nicht. Stefan ist 47.
«Du bist kein Mädchen mehr, musst dich damenhafter kleiden, mehr Business-Look», hat er mir geraten. Jetzt überlege ich, ob meine Zeit für Jeansröcke, gerüschte Blusen, bestickte Westen abgelaufen ist. Ob ich zu alt bin für «Trash-trifft-Folklore-Romantik». Ob Kostüm und Karriere unbedingt zusammengehören.
Meine Schwester frage ich das besser nicht. Die kam schon im Business-Look zur Welt. Und Männer kannst du das auch nicht fragen. Die kennen, was Frauen betrifft, nur zwei Optionen: nackt oder angezogen. Das werfe ich ihnen

nicht vor. Ich beneide sie. Weil sich Männer nie gezwungen sehen, modisches Problembewusstsein zu entwickeln. «Der Mann braucht sich kaum um seine Kleidung zu kümmern. Sie ist bequem, dem tätigen Leben angepasst, sie braucht nicht gesucht zu sein. Sie bildet kaum einen Teil seiner Persönlichkeit», schreibt Simone de Beauvoir. «Die Frau dagegen weiß, dass man sie nicht von ihrer Erscheinung trennt, wenn man sie betrachtet: In ihrer Toilette wird sie beurteilt, geachtet, begehrt.» Reicht es nicht, dass Männer mehr Geld für die gleiche Arbeit bekommen? Es ist so ungerecht.

Mode ist eine Last. Freilich eine, die die meisten Frauen lustvoll schultern. Warum ich das glaube? Weil weniger als zwei Siebtel aller deutschen Frauen Romanistik studieren; dennoch buchstabieren und prononcieren mehr als drei Viertel «Gucci», «Jean-Paul Gaultier» sowie «Dolce & Gabbana» fehlerfrei. Weil Stöckelschuhe immer laufen, obwohl keine Frau darin laufen kann, das aber laufend abstreitet. Weil sich Frauenmodemagazine ausgezeichnet verkaufen. Erzählen Sie mir nicht, das liege an den anspruchsvollen Reportagen, die zwischen «55 Seiten Herbst/Winter-Trends Extra», «Best Buys Mode: Strümpfe und Stulpen» oder «Glänzen mit Satin» eingestreut sind. Männer verweisen auch immer auf die von Hochglanzbrüsten eingekeilten wertvollen Interviews, wenn sie mit dem Playboy erwischt werden. Zieht nicht.

Es ist ja keine Schande, sich für Mode und Labels zu interessieren, gerne einkaufen zu gehen. Frauen wie ich, die unterm Arm «Die Zeit» sehr viel kleidsamer finden als eine Kelly-Bag von Hérmes, brauchen solche Frauen. Frauen wie meine Schwester, die mir schenkt, was sie nicht mehr oder dann doch nicht anzieht. Schändlich finde ich es hingegen, wenn die sichere Verwendung von Marken zum «Erkennungszeichen postmoderner Bildung» erhoben wird, wie die Bunte und andere bunte Blätter schreiben. «Wer die Codes nicht kennt, ist untendurch», heißt es da. In Schule und Studium kannst du dir das noch leisten. Im Berufsleben nicht mehr. Deshalb rufe ich stets meine Schwester an, wenn ich eine offizielle Abendeinladung bekomme. Sie entschlüsselt dann den Dresscode am unteren Rand des Büttenpapiers und sagt mir, was ich anlegen muss, wenn beispielsweise «Festliche Kleidung erwünscht» ist. Nur wegen dieser Business-Auftritte besitze ich zwei Anzüge (hat meine Mutter besorgt), Kostüme (hat mein Freund ausgesucht) und neuerdings ein Abendkleid (selbst ausgewählt, weil kein Berater greifbar war).

«Wer die Codes nicht kennt, ist untendurch.» Wie sehr beneide ich die Vertreterinnen der uniformierten Berufsgruppen, die Pilotinnen, Zugschaffnerinnen, Ärztinnen, Fleischfachverkäuferinnen, Art-Direktorinnen, Brigadegenerälinnen. Die verschleißen keine Synapsen mit der Business-Fashion-Frage. Ich hingegen weiß immer noch nicht, ob mein Dressing zu meinem Alter und der angedachten Karriere passt. Frag ich halt «Marie Claire».

Sie erklärt, Denim sei in, und legt mir Christian Dior nahe. «Das Kleid zieren bunte Ornamente und Knöpfe. Strickstrümpfe und eine alte Jeans als Turban komplettieren das Outfit.» Ich stelle mir vor, wie ich – eine alte Jeans auf dem Kopf – in der Elf-Uhr-Konferenz auflaufe. Das würde mich sicher weiterbringen. Etwa zehn Kilometer. In die Geschlossene. Danke, «Marie Claire»!

Also frag ich Claudia, ob sie glaubt, dass ich mich damenhafter kleiden sollte. Findet sie nicht. Claudia ist 31. In unserem Alter sei das noch keine Altersfrage, sondern eine des Typs. Und der Figur. «Du bist kein damenhafter Typ. Und ich zieh nichts bauchfreies an», sagt Claudia. Indes: Sie macht sich selbst so ihre Gedanken. Nach fast zwei Jahrzehnten Kurzhaarschnitt trägt Claudia nunmehr einen Bob und genießt es, «sich endlich mal was an den Kopf zu stecken». Neulich wollte sie Haarspangen kaufen, diese Spängelchen, die so aussehen wie kleine Raubtiermäuler, aber blau mit roten Herzen drauf. «Sehr niedlich. Dann habe ich mir vorgestellt, wie ich mit den Dingern im Haar zum Termin mit dem Staatssekretär gehe. Wie lächerlich ihm das vorkommen müsste.

Eine Frau in meinem Alter.» So kamen Claudia und die Spangen doch nicht zusammen. Ich laste das dem Einfluss ihrer Oma an. Die erzählt ihr immer: «Kind, ich hab da eine Ansagerin gesehen, die hatte was an, das würde dir auch stehen.» Sie zeigt ihr in den Schaufenstern, was sie sich für sie vorstellt. «Blaue Kostüme, karierte Jacketts, so in die Richtung. Alles Sachen, die man noch mit 40, 50 anziehen kann.» Oder nie. Oder?

Steht irgendwo geschrieben, dass man ab 30 keinen Herzchenspangen ins Haar kletten darf? Dass man ab 40 blaue Angela-Merkel-Kostüme tragen muss? Dass sich ab 70 nur noch kurze, lila Locken rechts und links vom Scheitel dauerwellen dürfen? Ist das eine UN-Konvention? Eine EU-Altersoutfit-Verordnung? Ja sicher! Wenigstens bei mir zu Haus, im Westerwald.

Seh ich doch am Kopf meiner Mutter. Sie bekam das, was alle Frauen wollen, ohne chemisches Zutun: lange, dicke, glänzende tizianrote Locken. Haare, in die sich selbst Priester verlieben, etwa Pater Ralph aus den «Dornenvögeln». Damit will ich jetzt nicht andeuten, dass ich die Tochter eines Priesters bin. Bin ich nicht. Außerdem sind wir im Westerwald alle evangelisch; da wäre das eh keine Tragödie gewesen. Ich erzähle das mit dem Priester nur, um zu verdeutlichen, wie todsündhaft schön die Haare meiner Mutter waren. Ja waren. Denn mit 35 schnitt sie sich die Haare ab. Weil man lange Locken für nicht mehr altersgemäß befand. «Von hinten Lyzeum, von vorne Museum» – das war der Spruch, den meine Mutter fürchtete. Ein Spruch, den immer bloß Herren loslassen, die von vorne und von hinten sehr museal, eher schon fossil aussehen. Ein echter postpotenter Alte-Säcke-Kommentar. Pfeif ich drauf.

Schluss mit dem «Du bist kein Mädchen mehr – ändere deinen Look»-Gezweifel. Ich bin nicht 30 geworden, um mir vorschreiben zu lassen, was ich anziehe. Ich höre nicht auf alte Säcke oder junge Deppen. Ich höre auf meinen Bauch. Und nicht auf meinen Zahnarzt. Der will mir Zahnspangen verpassen.

Hey, dafür bin ich echt zu alt.

Ein Mann in Streifenshirt schimpft auf die Kinder in der Ukraine

Den ukrainischen Kindern darf man keinen Vorwurf machen, die können nichts dafür, sind arm genug dran. Und trotzdem: Wegen der ukrainischen Kinder bin ich ins Grübeln gekommen, unsicher geworden, und ihretwegen habe ich womöglich einen Knacks weg, einen Hau, auf ewig miese Laune. Vielleicht trage ich deshalb bald nur noch Hemd in Bundfaltenhose, Sakko drüber, fertig ist die Uniform. Wegen der ukrainischen Kinder höre ich dann auch keine Tocotronic-Platten mehr, und vielleicht werde ich niemals mehr ein Konzert besuchen, denn tanzen tu ich da ja eh nicht. Nicht mehr, nie mehr, und die ukrainischen Kinder sind schuld. Möglicherweise sogar daran, dass ich von meinen Freunden als Spalter, Miesmuschel oder Kameradensau bezeichnet werde, wenn ich nicht dabei bin. Bald vereinsame ich, werde zum Einzelgänger, der in Anzug mit Streifenshirt drunter durch die Straßen streift. Und mit gesenktem Kopf unverständlich vor sich hin brabbelnd auf ukrainische Kinder schimpft.

All das wäre noch gar nicht mal so wild. Richtig sauer bin ich auf die ukrainischen Kinder aber deshalb, weil sie mir den Spaß an meinem Lieblings-Sweatshirt versaut haben. Man darf nicht aggressiv werden gegen ukrainische Kinder, die sind arm genug dran, schon klar. Nur kriegen die ja ohnehin nichts mit von meinem Zorn. Und sie haben von mir sogar einen nagelneuen Rollkragenpullover bekommen, die ukrainischen Kinder.

Aber von Anfang an. Sandra wollte Klamotten aussortieren. Mitarbeiter irgendeiner Hilfsorganisation hatten einen Zettel in unseren Briefkasten geworfen. Tragbare Kleidung, stand da, solle man abgeben, Kinder in der Ukraine würden sich sehr darüber freuen. Der Tonfall, in dem der Text abgefasst war, ließ

keinen Zweifel an der Dringlichkeit der Bitte. Sandra nahm also die großformatige Papiertüte, in der sie vergangenen Samstag ihren neuen Pullover aus der Innenstadt nach Hause getragen hatte, und legte ausgemusterte Teile aus ihrem Kleiderschrank hinein. Für die Kinder in der Ukraine.

Ich sah zu und fühlte mich schlecht. Zuvor hatte ich nämlich Scherze gemacht. «Nee, das kannste wirklich nicht mehr anziehen, ist ja schon ein Jahr alt.» Oder: «Schnell weg damit, alte Kollektion!» So was eben, albern, sicher, hatte ich aber gerade Lust zu. «Stell den Kram doch bei eBay ein», hatte ich auch noch gesagt, «von dem Geld gehen wir dann schön essen.» Das war nicht böse gemeint. Was Sandra anscheinend aber nicht merkte oder nicht merken wollte; jedenfalls guckte sie so komisch und antwortete, ich könne ruhig auch mal was abgeben. Das Wort soziale Verantwortung fiel und Not und Kälte, und dass es uns doch so gut gehe, hörte ich auch.

Ich schaute in meinen Schrank. Der ist tatsächlich sehr voll. Nur deshalb jedoch, weil ich nie Sachen weggebe oder wegschmeiße. Ich habe noch meinen Kommunionsanzug und sogar die Schuhe dazu, Größe 36. Ich besitze noch das gelbe Hemd, das ich auf der Party zu Berts und meinem 18. Geburtstag in Berts Partykeller getragen hab. Und dann ist da auch noch das weiß-blau geringelte Sweatshirt im Stil der französischen Fischer, das ich mir kurz vor meinem ersten Urlaub ohne Eltern gekauft hatte. Vor 16 Jahren. Jean-Paul Gaultier läuft immer noch in so einem Sweatshirt rum. Und von Picasso gibt's auch ein Bild, auf dem er so was trägt. Ich hänge an meinem Streifen-Shirt. Ich glaubte sogar lange, dass ich eine besondere Wirkung auf Frauen habe, wenn ich's trage. Wegen der intellektuellen Ausstrahlung, dem Bretagne-Flair, der Gauloise-Romantik. Picasso eben.

Ich hatte es auch im ersten gemeinsamen Urlaub mit Sandra dabei. Seitdem hängt sie ebenfalls an dem Stück. Dachte ich.

Ich sagte also: «Geb ich eben das hier weg, bin eh zu alt dafür.» Nur so, um sie zu ärgern. Rhetorisch gemeint war das. Sollte eine heftige Reaktion provozieren: Wiekannstubloßneindasnichtdahängenwirdochdranbeideaufewigduschwein. So in der Richtung. Stattdessen sagte sie bloß: «Stimmt.»
Vielleicht hab ich's noch nicht erwähnt, aber mein gefühltes Alter liegt bei 24 Jahren. Ich bin dem 16-jährigen Praktikanten enger verbunden als dem 40-jährigen Vorgesetzten. Ich nenne

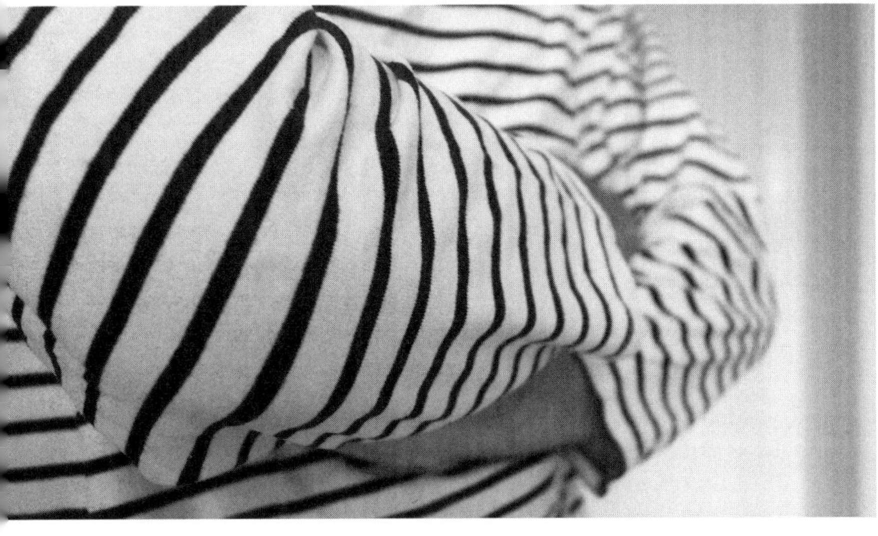

mich selbst nicht Mann, sondern Junge. So einer ist doch nicht zu alt für ein Streifenshirt im Stil französischer Fischer! Oder?
Sandra sagte nichts mehr, meine Verzweiflung prallte an einer Wand karitativen Aktionismus zugunsten der Kinder in der Ukraine ab. Das machte mich noch verzweifelter. Und trotzig. Ich behielt mein Streifenshirt, gab stattdessen einen grauen Rollkragenpullover ab, der zwar wie neu war, aber irgendwie betulich und also altersgemäß wirkte. Als wir die Sachen bei der Organisation abgegeben hatten, wirkte Sandra ausgegli-

chen. Ganz sicher wegen ihres guten Gewissens. Florence Nightingale war mit sich im Reinen. Ich grübelte, was ich im Winter bei der Arbeit tragen sollte.

Im Folgenden grübelte ich nicht mehr nur darüber, was ich im Winter bei der Arbeit anziehen soll, sondern außerdem darüber, was ich überhaupt noch anziehen kann, darf und mag.

So vieles scheint plötzlich nicht mehr zu passen. Nicht von der Größe her, sondern mit Blick aufs Alter. Fußballtrikots zum Beispiel. Dafür bin ich bestimmt zu alt. In meinem Kopf hallte Sandras «Stimmt» nach. Wie dieses «Nimmermehr» bei Poe. Ergebnis: Trikots trage ich nur noch im Urlaub am Strand oder zum Schlafen. Oder T-Shirts von Musikgruppen. Ich habe eins von den Einstürzenden Neubauten. Da ist ein Pferd drauf, das sich gerade erleichtert. Ganz offensichtlich ein Hengst. Unklar, ob er zuviel gesoffen oder zu viele lüsterne Gedanken gehabt hatte. Habe ich bis vor kurzem bedenkenlos getragen. Jetzt nur noch unterm Pullover.

So geht mir das mit vielen Sachen, obwohl ich sie nach wie vor super finde. Aber ich denke mir, zur Arbeit geht das nicht. «Stimmt.» Und überhaupt muss man ja dem Alter gemäß rumlaufen, sonst gilt man als Berufsjugendlicher. «Stimmt.» Dafür trag ich jetzt häufiger Hemden. Immerhin über der Hose. Angemessen akkurat. «Stimmt.»

Bert ist da lockerer. «Ich fühl mich für gar nichts zu alt», hat er neulich nach dem Tocotronic-Konzert gesagt. Wir hatten uns über mein Kleidungsproblem unterhalten. Er wischte sich dabei den Schweiß von der Stirn, der ihm seine modische Geradeaufgestanden-Frisur versaute, denn er hatte die letzten 60 Minuten vor der Bühne hopsend verbracht. Ich dagegen war ganz hinten an der Theke geblieben und habe auf seine Jacke aufgepasst. Wie eine Ehefrau. Bert fand das Konzert «weltklasse», ich fand's doof.

Die alten Sachen von Tocotronic hab ich zu oft gehört, die

neuen sind mir zu verquer. Und außerdem singen die immer noch von Sommerferien und so was. «Man muss langsam auch mal klarkommen», schimpfte ich, ohne zu wissen, warum. Bert guckte komisch, war aber in Gedanken, glaube ich, noch mitten im pogenden Mob. Als ich mich außerdem darüber aufgeregt habe, dass man die Texte kaum verstehen konnte, weil der Techniker gepennt hat, hab ich mich selbst geschämt. Ich kam mir vor wie ein Gymnasiallehrer auf dem Dorf, der den Internet-Lehrgang mit den Worten ablehnt: «Dafür bin ich nun wirklich zu alt.» Wie zur Strafe bekam ich Schluckauf. Von drei Bier.

Ob er mich denn nicht verstehen könne, fragte ich Bert auf dem Nachhauseweg. Aber er meinte bloß, ich solle mich mal nicht so anstellen. Er habe überhaupt keine Probleme damit, etwa im Krankenhaus in Turnschuhen rumzulaufen. Auch wenn der Oberarzt seltsam gucke und sogar schon mal gesagt habe, «Herr Kollege, heute wieder so jugendlich?» Wie zum Zeichen des Triumphes trug Bert zum Konzert den BW-Parka, den er vor einer Ewigkeit auf einer Klassenfahrt gekauft hat. In einem Secondhandladen in Hamburg. Soviel penetrant zur Schau gestellte Erinnerung an verwehte Jugend machte mich aggressiv. «Den könntest ruhig mal an ukrainische Kinder spenden», sagte ich zu Bert, als sich unsere Wege an seiner Haustür trennten. Ohne auf Antwort zu warten, ging ich mit weiten Schritten nach Hause.

Dort erwartete mich Sandra. Bert habe angerufen, sagte sie, ich sei den ganzen Abend so komisch gewesen. Ich habe wohl schlechte Laune.

«Stimmt», sagte ich.

Eine Frau tanzt Diane Ealys 5-Minuten-Tanz

Sitze hier. Warum? Soll arbeiten. Bin müde. Will schlafen. War spät gestern. Kann nicht denken. So ’n Stress. Lese «Der große Anti-Aging-Report» in «Marie Claire»:

«Verkrampfungen im Kopf blockieren die Kreativität. Probieren Sie Dr. C. Diane Ealys 5-Minuten-Tanz: Rechtes Bein über linkes schwingen, dann linkes über rechtes.»

Moment. Muss erst mal hoch vom Stuhl. So. Shit! Steh in meinem Nutella-Brot. Thomas hat Recht. Sollte nicht alles rumliegen lassen. Muss das abwischen. O. k. Beine sortieren. Rechtes über linkes, linkes über rechtes. Hab ich.

«Wenn Sie den Rhythmus haben, Arme dazu, aber in entgegengesetzter Richtung.»

Wie? Sekunde. Ja, so geht’s. Mist! Hab’ mir den Arm vors Auge gehauen. Seh nichts mehr. Hätte im Bett bleiben sollen. Geht wieder. Weiter.

«Nun den Kopf dazu, der mit den Beinen die gleiche Richtung hat.»

Schlechtes Deutsch. Das soll helfen?

«Die US-Verhaltenswissenschaftlerin Ealy garantiert: Das macht hellwach und die Ideen sprudeln.»

Mir ist übel.

Thomas kommt rein. «Was machst du da?»

Ich: «Tanzen. Dr. C. Diane Ealys 5-Minuten-Tanz.»

Thomas: «Ich dachte, die Decke kommt runter.»

Thomas geht wieder. Er ist Schriftsteller, sehr in sich gekehrt. Sonst hätte er gefragt, warum ich tue, was Dr. Ealy rät. Dann hätte ich ihm gesagt, was «Marie Claire» schreibt, dass nämlich in der Anti-Aging-Medizin nicht das tatsächliche, sondern das biologische Alter zählt, das sich durch den Lebensstil beeinflussen lasse. «Wer für einen ausgeglichenen Zustand von Körper, Geist und Seele sorgt, bleibt länger jung – auch ohne Schönheitsoperation.» Deshalb soll ich den 5-Minuten-Tanz tanzen. Um Stress abzubauen, «weil der einen Großangriff freier Radikale auslöst».

Als ich noch klein war, waren freie Radikale auch ein Riesenthema. Allenthalben las man von ihnen. Nur dass sich ihre Angriffe damals noch gegen Atomkraftwerke, Nato-Doppelbeschluss oder Franz Josef Strauß richteten. Freie Radikale, das waren Hafenstraßenhausbesetzer, die Karins Vater (ein Polizist) immer gleich wegsperren wollte, lebenslänglich.

Heute werden wir von gesichtslosen Sauerstoffmonstern, die sich bei der Energieversorgung unserer Zellen zusammenrotten, terrorisiert. Noch mehr allerdings von den selbst ernannten Antiterror-Einheiten unter Führung der Anti-Aging-Guerilleros Ulrich Strunz und Hans-Wilhelm Müller-Wohlfahrt. Würden sie und ihre Sympathisanten nicht derart angestrengt in Büchern, Funk und Fernsehen gegen das Altern kämpfen, wüsste ich nicht, wie kaputt ich schon bin.

So aber weiß ich: Spätestens ab 30 geht's an die Substanz. Der Körper verliert im Schnitt ein halbes Pfund Muskelmasse pro Jahr, dafür legt er eineinhalb Pfund Fettgewebe zu. Die Dichte der Knochen reduziert sich um etwa ein Prozent. Das Skelett verliert Kalzium. Und das Hirn Zellen. Mit der geistigen Leistungsfähigkeit geht's bergab, mit der Schönheit ohnehin. «Schon 30 und immer noch blitzschnell», titelte das Campus-Magazin der Technischen Universität Berlin zum Geburtstag der E-Mail. Was ich daraus lese: Von einem 30-Jährigen darf man nicht mehr allzu viel erwarten. Tatsächlich haben Männer in diesem Alter den Höhepunkt ihrer sexuellen Leistungsfähigkeit längst überschritten (den erreichen sie nämlich mit 19, haha, Philipp, armes Schwein); dagegen macht's Frauen mit zunehmendem Alter immer mehr Spaß. Noch ein Grund, länger im Bett zu bleiben.

«Sie sind jünger, als Sie denken!», schlagzeilt «Marie Claire». Ich nicht. Nicht heute Morgen. Hab gestern zu viel und zu lange gefeiert. Mit dem Lady-Killer No. 1: Alkohol. Heute wieder um 6 Uhr raus. Hielt ich früher wochenlang durch. Jetzt pack ich's nicht mehr. Ich brauche meinen Schlaf. Sagen auch die Fitness-Terroristen: Wer nächtlich deutlich weniger als acht Stunden schlafe, setze im Körper langfristig zerstörerische Prozesse in Gang. Wichtige Stoffwechselvorgänge funktionierten nicht mehr einwandfrei und das Zusammenspiel der Hormone auch nicht. Diese Veränderungen ähnelten natürlichen Alterungserscheinungen, woraus die Forscher schließen, dass Menschen, die nur wenig schlafen, im biologischen Sinne schneller altern.
Sollen doch andere tanzen. Dr. C. Diane Ealys 5-Minuten-Tanz. Ich geh ins Bett.

Ein Mann kann verdammt nochmal nicht schlafen

Schlaflosigkeit ist Wut.
Ich liege da, wach, obwohl doch Nacht ist und morgen wieder Alltag. Ich lege mich exakt so hin, wie ich sonst immer am besten einschlafen kann. Ich stelle mir sogar noch ein Hörbuch an, irgendwas Ruhiges, Sedierendes, Ungefährliches, «Der Stechlin», vorgelesen von Gert Westphal zum Beispiel. Aber ich kann nicht schlafen, ich kann verdammt nochmal nicht schlafen. Ich habe obstruktive Apnoe, Narkolepsie, Parasomnie oder irgend so etwas. Vier von diesen Baldrian-Dispert-Tabletten habe ich schon geschluckt. Die habe ich mir nach der letzten durchwachten Nacht in der Apotheke gekauft. Mehr will ich nicht nehmen, weil ich dazu was trinken muss, und dann setzt Harndrang ein, just, wenn ich eingeschlafen bin, kennt man ja. Schade, dass die Heavy-Typen in der Wohnung über mir nicht wieder ihre bescheuerten Platten hören. «Take me down to the paradise city where the grass is green and the girls are pretty», dröhnte es letztens, immer wieder. Das war wohl ein Anfall von Nostalgie. Die Idioten. Zuerst habe ich mit dem Besen, den ich zu solchen Zwecken neuerdings am Bett stehen habe, an die Decke geklopft. Ein Besen! Die Schlaflosigkeit macht mich zum Spießer, zur Else Kling der Wachenden. Aber die da oben sind nicht nur taub, sondern meistens auch besoffen. Deshalb bin ich raufgegangen, habe ihnen die Meinung gegeigt. Richtig sauer bin ich geworden und laut. Tat gut, den Frust rauszulassen. Als ich wieder unten war, sah ich mich im Flurspiegel. Die Haare wirr wie Papageienfedern. In meinem Bett hörte ich sie oben lachen. Die Musik war immer noch genauso laut. Aber ich konnte schlafen, weil ich's ihnen gezeigt hatte. Jetzt kann ich nicht schlafen, verdammt.
Schlaflosigkeit ist Verzweiflung.

Ich bin immer müde, sehe morgens aus wie Derrick, fühle mich wie ein Malariakranker. Schlafstörungen können sich zu ernsthaften organischen oder psychiatrischen Erkrankungen entwickeln, habe ich kürzlich gelesen. Bluthochdruck habe ich schon, glaube ich, Depressionen und Magen-Darm-Geschichten werden wohl bald dazukommen. Früher konnte ich am Wochenende feiern, Freitag, Samstag, holla, die Waldfee. Jetzt höchstens einmal im Monat, zu fertig, kaputt und erschossen. Ist normal, hat mir ein Freund gesagt, der Medizin studiert, die «aerobe Leistungsfähigkeit nimmt ab 30 ab». Ich will aber gar nicht normal sein, habe ich meinem Freund da gesagt, und was das zum Teufel sei, die aerobe Leistungsfähigkeit. Ich war schon wieder ein bisschen aggressiv, kommt vom Schlafmangel. «Ausdauer», antwortete der Freund gelassen. Na ja. Ich traue mich nicht, mich zu wälzen, harre in Positionen aus, in denen ich nie und nimmer schlafen kann. Ihretwegen, die neben mir liegt – und schläft. Sie kann überhaupt immer schlafen und erniedrigt mich mit ihrer Schlaffähigkeit. Sie ist fit, kann morgens aufstehen, weil sie gut geschlafen und sich in der Nacht erholt hat. Nur ich komme morgens kaum hoch, habe verklüste Augen und fühle mich wie früher, wenn ich nach Partys bei Freunden auf der Isomatte übernachtet hatte. Mies fühle ich mich, schmierig, krank, geschunden, vom Leben durchgerockt und alt.

Schlaflosigkeit ist Grübelei.

Jaja, alt. Ich habe es satt, dieses Gerede vom Biorhythmus und all dem esoterischen Kram. Von Leistungskurven und dem ganzen Mist. Ich bin in Form, eigentlich, ich kann bloß nicht schlafen. Ich denke an diesen Collegeboy aus Kalifornien, Randy Gardner, der vor 40 Jahren mal elfeinhalb Tage wach blieb. Seine Freunde haben ihm dabei geholfen. Eine Riesenleistung von den Kumpels. Randy Gardner war nämlich schon nach vier Tagen der größte Stinkstiefel, den man sich vorstellen kann.

Reizbar, misstrauisch und vergesslich. Er nahm ab, ein Wrack war Randy Gardner, der Blödmann, der das alles freiwillig gemacht hat. Ich fühle mich wie er, ich sehne mich nach Schlaf wie Randy Gardner nach elfeinhalb wachen Tagen. Wie ein Tier im Winterschlaf, bloß pennen, nur ein paar Stunden, ratzen, dösen, pofen. Nur noch schlafen. Ich fühle mich wie ein Mensch, reduziert auf ein Urbedürfnis. Alles ist mir egal, ich könnte ja nicht mal lesen vor Müdigkeit. Aber Licht anmachen oder aufstehen ist auch gar nicht drin. Denn sie braucht ja ihren Schlaf. Warum kann sie schlafen und ich nicht?
Schlaflosigkeit ist Zorn.
Ich würde sie am liebsten wecken, sie fragen, ob sie das toll findet, mir ihre gesunde Natur vorzuführen, dieses Schlafenkönnen, wenn man schlafen soll. Du bist zwei Jahre jünger als ich, würde ich sie erinnern, warte mal ab. Wie muss man sich fühlen, wenn man es nötig hat, mit Schlafenkönnen zu protzen. Wie armselig, wenn man nur schlafen kann, ein Leben im Dämmerzustand. Alle sind so armselig, was könnte man nicht alles produzieren in solchen Wachphasen, aber ich darf ja nicht aufstehen, weil sie sonst aufwacht. Fräulein! Prinzessin! Früher habe ich meine Oma ausgelacht, weil die nicht schlafen konnte. Senile Bettflucht, habe ich gesagt und vom Schlaf geschwärmt, vom Träumen und diesem romantischen Mist. Meine Oma hat mir angedroht, dass auch ich immer schlechter werde schlafen können, je älter, desto weniger. Hat gelächelt und mir über den Kopf gestreichelt wie einem Schuljungen. Jetzt sehe ich meine Oma wieder schmunzeln. Ihr Gesicht schwebt über mir, es schaut zufrieden aus, ein Gesicht, ein Fratze gewordenes «Siehste!». Selbst meine Oma ist gegen mich.
Schlaflosigkeit ist Selbstzweifel.
Die Arbeit macht mich aber auch kaputt. Die Verantwortung und das alles. Gut aussehen muss ich auch, sonst läuft die ne-

ben mir weg. Mit so einem ausgeschlafenen Adonis. Will ich auch, gut aussehen, kann ich aber nicht, nicht ohne Schlaf. Alles schrecklich, da kann man ja nicht schlafen können. Und ohne Schlaf läuft's auch nicht rund bei der Arbeit, und abends grübele ich. Ob ich dies wohl richtig gemacht hab, ob ich mich da wohl angemessen verhalten hab. Tagsüber bin ich auf einer Umlaufbahn, von der ich mich abends nur schwer ausklinken kann, und philosophiere zu einer Zeit, da andere ihre REM-Phase genießen und pennen, ratzen, pofen, die Schweine. Wie entspannt man? So viele Bücher gibt's zum Thema Abschalten. Die Autoren sind ja so klug! In der Buchhandlung stehen die Ergüsse dieser Klugscheißer neben dem Regal mit diesen Manager-Bestsellern. Doofe Manager, saudoofe vermaledeite Manager, und das Wort Abschalten hat mich auch schon immer angeekelt, ein richtiges Hass-Wort, das verdammte Abschalten, speiübel wird mir, ein klassisches Brechreizwort. Hm, das tut gut. Ich höre Gert Westphal zu und liege ganz bequem, fühle mich müde und schläfrig und befreit und spüre diese sehnsüchtig erwartete Schwere auf den Augenlidern, schließe die Augen und denke an nichts mehr und bemerke, wie sich neben mir etwas regt und denke, das darf nicht wahr sein, und weiß, es ist wahr und höre eine Stimme, die sagt: «Kannst du auch nicht schlafen?»

Eine Frau will nicht auf vertraulich machen

Es ist kompliziert und beginnt schon damit, dass ich nicht weiß, wie ich sie ansprechen soll: euch/Sie, liebe Leserinnen und Leser. Ich muss das ganz allein entscheiden, und von meiner Entscheidung hängt eine ganze Menge ab. Der Erfolg dieses Buches, mein Erfolg. Das weiß ich, weil ich im Internet Google nach «Siezen» suchen ließ. 3210 Treffer allein in «Seiten aus Deutschland». Die heißen «Junge Karriere», «Top (im) Job», «Benimm dich!», «Führen – aber richtig» oder «Business-Knigge». Überall dort, wo Karriere verhandelt wird, sind du und Sie ein Thema. Und überall dort, wo die beiden ein Thema sind, warnen die Internetratschläger vor dem unsachgemäßen Gebrauch der Personalpronomen. Ich bin mir meiner Verantwortung bewusst. Sie hemmt mich. Was es noch komplizierter macht.

Es ist so folgenreich. Wähle ich das Du, glaubt ihr vielleicht, dass ich euch nicht den Respekt entgegenbringe, der 30-Jährigen gebührt, allein weil sie 30 sind. «Was macht die hier so auf vertraulich? Wir kennen uns nicht einmal», denkt ihr womöglich, legt das Buch aus der Hand und unter die Tür, wo es fürderhin als Türstopper dient. Wähle ich das Sie, meinen Sie vielleicht, ich könne Sie nicht leiden, ich wolle Sie mir vom Leib halten, ganz so, als hätten Sie Mundgeruch. Das schüfe Distanz, wo ich doch Nähe schaffen will. Und Sie? Nähmen das Buch und schenkten es einer, mit der Sie auch nicht näher zu tun haben möchten.

Es fällt so schwer, auch deshalb, weil wir die Entscheidung nicht gemeinsam treffen, weil wir nicht abstimmen können, wie wir es in der elften Klasse taten. Damals, nach den Sommerferien, kamen wir wieder zusammen: Irmgard Haasnot-Prellberg, Geschichtslehrerin, und wir, innerlich wie äußerlich unverändert.

Nach wie vor sahen die Jungs zurückgeblieben aus, nach wie vor bevorzugten wir Mädchen Pastelltöne. Frau Haasnot-Prellberg trug immer noch dieselbe leberwurstgraue Zeltbahn, dieselbe leberwurstgraue Hochsteckfrisur, dieselben Plastiktüten, die so dünngegriffen waren, dass wir die Titel der darin reisenden Bücher durch die Tüte lasen. Und: Frau Haasnot-Prellberg hieß immer noch so. Wir aber sollten anders heißen. «Sie sind jetzt in der Oberstufe. Von jetzt an werde ich Sie siezen», erklärte sie. Unpassend fanden wir das, unbequem, ja ungehörig. In der Fünf-Minuten-Pause stimmten wir darüber ab, wie uns Haasnot-Prellberg, die leberwurstgraue, unsere Mutter aller Chroniken und Kriege, zu nennen habe. Das Du gewann 24 zu drei bei einer Enthaltung. Zu Beginn der nächsten Geschi-Stunde überreichten wir ihr das Ergebnis der Auszählung auf Linienpapier. Indes: Es änderte nichts. In Sachen Ansprache hielt unsere Geschichtslehrerin offenbar mehr von Konventionen als von Basisdemokratie. Dass uns die anderen Lehrer siezten, nahmen wir hin ohne Gegenwehr. Was machte es schon, wenn wer dich siezt, den du nicht liebst.

Liebe. Bringt mich zum nächsten Punkt:

Es ist so plump manches Mal, vor allem in deutschen Spielfilmen. Da lernen sich zwei kennen, sagen wir mal am Tatort. Der ledige Kommissar und die soeben Verwitwete. Klar, da geht was. In der Höflichkeitsform, weil beide erwachsen sind, nicht im selben Sandkasten gebuddelt haben, er der Kommissar und sie als Gattin der Leiche immer schon verdächtig ist. Sie siezen sich also auf Teufel komm raus, beim Verhör, im Vorübergehen und so. Dann küssen sie sich. Einmal. Bei der Tatortbesichtigung hinter der Scheune im Nebel. Und gleich sagt er du zu ihr. Das finde ich plump. Ich meine, wenn man schon dem ganzen Höflichkeitskniggequatsch anhängt, was ändert dann so ein vernebeltes Zusammentreffen zweier Zungen am Status des jeweiligen Zungenbesitzers? Er ist ja immer noch der Kommissar, sie immer noch seine Hauptverdächtige. Wäre ich jetzt die Witwe, ich dächte doch, der Mann habe mit

einem Schmatz seinen Respekt vor mir verloren, weil ich mich von ihm hab anschmusen lassen. Das gefiele mir nicht (auch nicht, wenn ich meinen Gatten tatsächlich tiefergelegt hätte). In französischen Filmen (auch in deutscher Synchronisation) schiebt keiner seine Zunge in die Mundhöhle des anderen und lässt das Sie dort liegen, wenn er sie wieder herauszieht. Das ist konsequent, das ist stilvoll, das hat Klasse, meine ich.
Es ist so lächerlich: Gerade hat der Pizzabote an der Tür geklingelt. Quattro formaggi. Süßer Typ, vielleicht acht Jahre jünger als ich. Ich habe ihn geduzt. Er brachte sich elegant um beide Möglichkeiten. «Ist eine Quittung vonnöten?», hat er mich gefragt. Doch weiter im Text.
Es ist so elend kompliziert, und das geht weiter beim Besprechen meines Anrufbeantworters. Es rufen ja nicht mehr nur Spielkameraden an. Auch Menschen, die mich mit Arbeit oder Geld oder beidem versorgen oder Arbeit oder Geld oder beides von mir haben wollen, klingeln mal durch. Geschäftspartner, das Finanzamt, der Gerichtsvollzieher, der VW-Golf-Zufriedenheitserhebungsbefrager. Denen kann, denen will ich doch nicht lässig kommen. «Hi, bin nicht da. Sagt was Nettes.» Geht nicht. Andererseits, was soll Susa von mir denken, wie sich meine Mutter vorkommen, wenn ich sie auf dem AB ansieze? Meine Mutter leidet doch eh schon darunter, dass wir uns so selten sehen. Die muss doch meinen, ihre Tochter entfremde sich total von ihr. Ich habe eine liebe, eine sehr liebe Mutter. Ich wünsche, dass sie sich wohlig und willkommen fühlt bei mir, auch auf meinem Anrufbeantworter. Die Pizzaboten-Masche, das Sich-um-die-Anrede-drücken, wird meiner Mutter wie den Geschäftspartnern gleichermaßen nicht gerecht. Insbesondere mir. «Ich bin nicht da, bitte aber um die Hinterlassung einer Nachricht nach dem Piep. In dringenden Fällen kann man eine Kontaktaufnahme unter der Mobilfunknummer pipapo versuchen.» Wie klingt denn das? Superblöde, nicht souverän, nicht nach mir jedenfalls. Geht auch nicht. Derzeit behelfen sich

mein AB und ich mit diesem Kompromiss: In meiner Abwesenheit sieze ich meine Anrufer, lege aber ganz viel Liebe in die Stimme, für meine Mutter. Die ich jetzt öfter besuchen werde.
Es ist so ärgerlich, und das vor allem, wenn mich Teenager nach dem Weg fragen. «Entschuldigen Sie. Können Sie uns bitte sagen, wie wir zur Schneider-Wibbel-Gasse kommen?» «Sperrt doch die Augen auf», denke ich bei mir, «so alt sehe ich auch nicht aus.» Und dann schicke ich sie in die falsche Richtung. Susa macht das übrigens genauso. Dafür hat sie sich bei dem schnuckeligen Karstadt-Verkäufer von neulich, der, der vielleicht 20 war und sie trotzdem duzte, sogar fürs Du bedankt. Sie sagt, dieses Du vom Karstadtjungen sei der Höhepunkt ihrer Woche gewesen.
Es ist so verachtend, und das ist verdammt gut so zuweilen, vor allem dann, wenn sich ältere, unsympathische Typen am Tresen an mich ranschmeißen wollen mit dem Du. Dann sage ich «Kennen wir uns?» und biege dazu die Augenbrauen hoch, so ganz Heidis-Fräulein-Rottenmeier-mäßig. Und dann geh ich und fühle mich niederträchtig und ziemlich cool. Susa, Claudia und Karin machen's übrigens genauso.
Es ist vorbei irgendwann, dass wir uns unter Gleichaltrigen duzen. Es fällt uns ja auch immer schwerer abzuschätzen, ob der nette Herr im grauen Tuch, der uns da so höflich anlächelt, nun 30 oder doch 40 ist, und ob die Frau da vorn, die mit den dicken Tränensäcken, bloß schlecht geschlafen oder tatsächlich schon zehnmal häufiger als wir aufs Christkind gewartet hat. Wenn wir's nicht wüssten, wüssten wir nicht einmal zu sagen, wie alt wir selber sind. Und montagmorgens vorm Badezimmerspiegel glauben wir nicht einmal, was wir wissen. Verunsichert, wie wir sind, fangen wir irgendwann an, Fremde zu siezen.
Es ist – sehr komplex. Das, ja was? Habe ich Ihnen/habe ich euch nun bewiesen. Ich will es nicht noch komplizierter machen. So wähle ich hier, in diesem Buch, mal du, mal Sie. Und jetzt die Pizza-Boten-Masche: Man suche sich aus, was gefällt.

Ein Mann weiss, Kirchenmäuse siezt man nicht

An Herrn Penatens Stelle hätte ich mir das nicht gefallen lassen. Die Sache in dem Werbespot, meine ich: Kind mit seidigem Glanz im Haar tut sauer, weil Muttern immer sein Kindershampoo von Penaten benutzt. Da nicht auf den Kopf gefallen, greift es zum Hörer, lässt sich direkt in die Chefetage des Fabrikanten durchstellen und geigt Herrn Penaten mal so richtig authentisch die Meinung: «Du, Herr Penaten …» Weiter mag ich's gar nicht aufsagen, nur so viel: Es beschwert sich, dass das Shampoo so mild ist, dass es auch Erwachsene benutzen wollen. Obwohl es doch für Kinder ist. Die Macher des Spots zählen darauf, dass die Vorschul-Credibility des Vorzeige-Töchterleins bei der Zielgruppe zieht. Mich hingegen stößt der Spot ab, ich finde das weder süß noch drollig. Ich würde nämlich nicht wollen, dass mich so ein Streber-Mädchen ankumpelt. Schon gar nicht, wenn ich Herr Penaten wäre. Alters- und statusmäßig liegen immerhin Welten zwischen der Göre und dem Boss, da wird gesiezt, bitte schön! Witzig hätte ich es dagegen gefunden, wenn man einem etwas schmierigen Berliner Kindl die Rolle gegeben hätte: «Wat hat mir die Olle drinne gelassen inne Shampoo-Pulle? Nüschte!» Aber ich gehöre ja nicht zur Zielgruppe.

Vielleicht bin ich aber auch bloß neidisch. Auf das Kind. Der Regisseur hat ihm bestimmt Tipps gegeben, wie man mit so einem Wirtschaftsboss wie Herrn Penaten richtig umspringt. «Mehr Easiness, wenn du den an der Strippe hast.» Oder: «Kannst ruhig taffer sein.» Das Kind ist gecoacht worden im Umgang mit dem Duzen und Siezen, das merkt man ihm an. Es könne sich seiner Sache als enttäuschter Verbraucher sicher sein, wurde ihm eingebleut, deshalb kann man so einen wie Herrn Penaten auch ruhig mal duzen. Um zu zeigen, wo der

Hammer hängt. Um dem Bonzen mit seinem Badeschaumimperium beizubiegen, wer am längeren Hebel sitzt. Das Kind wird es weit bringen, fürchte ich, weil ihm die Spielregeln des Duzens und Siezens so früh im Leben beigebracht worden sind. Ich dagegen bin Autodidakt und habe meine Lernphase noch immer nicht abgeschlossen. Ich spüre den Zwang, ältere Menschen und solche, die es im Leben weiter gebracht haben, zu siezen. Und ich habe andererseits das Bedürfnis, von jüngeren Leuten gesiezt zu werden. Ich bin 30, ich möchte gesiezt werden.

Man sieht schon: Alles sehr komplex. Deshalb wusste ich lange Zeit nicht, wie ich die Eltern meiner Freundin ansprechen sollte. Ich ging immerhin schon das ein oder andere Jährchen ein und aus in deren Haus, da schien mir das «Sie» nicht mehr das Richtige zu sein. Andererseits hatten sie mir das «Du» auch nicht angeboten, und außerdem bin ich nicht im Kinderladen oder in einer Kommune groß geworden. Ich umging also die Anrede. Das führte zu einigen sprachlichen Kapriolen. Einmal ging es darum, wer meine Freundin vom Flughafen abholt. «Soll ich das machen, oder hatte sie vor dem Abflug schon anderes mit zu Hause vereinbart?» Zum Glück führten wir das Gespräch am Telefon. Ein Freund hatte mal eine ähnlich bescheuerte Situation zu überstehen, nur unmittelbarer. Er klingelte bei einem entfernten Bekannten, dessen Vornamen er nicht kannte, weil immer bloß der Nachname fiel, wenn die Sprache auf ihn gekommen war. Durch das Glas der Haustür sah er den Vater des Bekannten herannahen und damit das Problem: Wie sagen, zu wem er möchte? Auf ein flott dahingenuscheltes ‹Ist Ihr Sohn da›, kam er in der Eile nicht, außerdem hätte es ja sein können, dass die Familie mehrere Jungen zur Welt gebracht hatte. Also fragte er einfach: «Isser da?» Frank war da. Und die Eltern meiner Freundin haben mir kürzlich das Du angeboten. Dem Makler gegenüber, der uns unsere Wohnung vermittelt hat, war von Du nie die Rede. Trotzdem sprach er uns während des Gruppen-Besichtigungstermins in einer Weise an, die nahe legte, dass wir uns von irgendwoher kennen, gut kennen. Uns fiel jedoch nicht ein, woher genau, weswegen wir unser «Sie» dem Makler gegenüber beibehielten. Er: Du bzw. ihr. Wir: Sie. Immer hin und her. Pingpong. Ein wenig ausgeglichenes Match. Entwürdigend. Im Nachhinein muss ich zugeben, dass unsere äußere Erscheinung ihm Anlass gegeben haben könnte, unser Alter niedriger anzusetzen, als es tatsächlich war. Der Besichtigungstermin fand am Freitagabend statt, wir hatten unsere alten Wohnungen schon vor einigen Wochen gekündigt und brauchten dringend eine neue, möglichst günstige. Wir waren verzweifelt. Wir waren von der Kälte der großen Welt verschreckte Kirchenmäuse auf der Suche nach einer Höhle, in der wir heimisch werden könnten. Wir drängten unsere verhuschten Körper schutzsuchend aneinander und erfuhren: Kirchenmäuse siezt man nicht.

Erst später ist mir aufgegangen, wie daneben die Duz-Aktion unseres Maklers eigentlich war. Ich bin 30, ich möchte gesiezt werden. Wenn ich nachts nicht schlafen kann, schmiede ich nun Rachepläne. Der bislang ausgereifteste geht so: Sandra schreibt derzeit an ihrer Doktorarbeit. Wenn sie fertig ist, wird sie den Titel wohl nicht so offensiv im Namen führen wie Dr. Müller-Wohlfahrt oder Dr. Alban. Weil sie bescheiden ist. Dennoch werde ich, sobald ein gewisser Makler sie mit einfachem Nachnamen anspricht, ein lautes «Für Sie immer noch Frau Doktor» rufen. Unentschlossen bin ich, ob es die Wirkung verstärken würde, wenn ich im Nachklang ein «So viel Zeit muss sein» oder auch nur «bitte schön» hinzufüge.

Sympathisch hingegen ist mir, wenn bei offiziellen Anlässen ein Gleichaltriger sagt, «Wir können uns eigentlich auch duzen, oder?» Das ist so familiär, das schreit nach einem Bier, mit dem man anstößt, sich zuprostet und fortan Erlebnisse aus der

C-Jugend austauscht. Bei Kollegen, die zwar Vorgesetzte sind, aber selbst noch nicht so alt oder so weit oben in der Hierarchie, als dass das Pauschal-Sie gelten dürfte, ist das Du ein Problem. Einer duzte mich mal, worauf ich ihn auch mit Du ansprach. Dann siezte er mich, ich siezte zurück. Alles in einem Gespräch. Das war doof und wirkte sehr erwachsen. Inzwischen hat er mir offiziell das Du angeboten. Das war schön, und sehr gemeinschaftsstiftend. Ich mag diese offizielle Kiste sehr, jemandem das Du anzubieten. Da hat so was Reflektiertes; derjenige mag zu Hause gebrütet haben, ‹soll ich oder besser nicht›, er wird seine Frau um Rat gebeten haben, ‹was meinst du›, und dann hat man den Zuschlag fürs Du bekommen. Das ist doch was, die Welten nähern sich einander an.

In diesen bei Geschäftsleuten beliebten elektronischen Adressbüchern der Firma Palm kann man für jeden Namen angeben, ob man die angewählte Person siezt oder duzt. Ich stelle mir das sehr schwierig vor. Es gibt ja so viele Varianten. Beim Vornamen nennen und siezen. Oder Vorname und duzen. Duzt er mich auch oder siezt er mich? Wie war das noch? Und nach dem Abend an der Theke neulich, haben wir uns da nicht geduzt? Zählt das jetzt auch für den Alltag oder war das nur so?

Ich halte es da eher mit Otto Rehagel, der hat immer alle seine Spieler gesiezt. Da kommt es nicht zu Zweifeln in Bezug auf Autorität oder so. Außerdem kann man besser jemanden auf die Bank setzen, den man siezt. Und umgekehrt gesteht man einem, den man duzt, nicht so gerne ein, dass man sich blöd angestellt oder einen Fehler gemacht hat. Insofern ist siezen nicht schlecht, bei Vorgesetzten zumal; man weiß, woran man ist. Die gesiezte Person will man nicht nach einer durchzechten Nacht auf seinem Sofa übernachten lassen, man will sich einfach auf dem Büroflur nett grüßen und auch mal ein Schwätzchen über Politik, Wirtschaft und Sport halten. Mehr nicht.

Manchmal allerdings ist es mit dem pauschal Siezen ab 30 aber

recht hart. Saß ich doch neulich in der sanft vor sich hin ruckelnden Straßenbahn, als unsere Vorwärtsbewegung plötzlich stoppte. Wir hielten auf freier Strecke, da – wie der Fahrer über Lautsprecher durchgab – Kinder auf den Gleisen spielten. Die Mitfahrenden reagierten zum Teil mürrisch, ‹was spielen die da, die blöden Kinder›; zum Teil entzückt, ‹wie süß, die Kinder erobern sich den feindlichen Lebensraum Großstadt zurück›. Wenigstens kam man ins Gespräch miteinander. So fragte mich denn das kleine, vielleicht siebenjährige Mädchen in der Bank neben mir: «Haben Sie auch Kinder?»
Ich hätte sie gerne angeranzt. Warum sie mich sieze und was das mit den Kindern solle, ob ich denn so alt aussehe und dass sie doch still sein soll, bitte schön.
Aber ich antwortete nur: «Nein.»

Eine Frau deckt ab

«Wiiiiderlich», sagte der Lebensmittelchemiker im Radio, und es klang, als habe er Bauchweh, widerlich also sei die Lage in bundesdeutschen Kühlschränken. Kaum ein Kühlschrank-Besitzer spüle das Teil oft genug mit Essigwasser aus (einmal pro Woche müsste schon sein). Dafür stelle fast jeder – ungeachtet seines Bildungsstands – Eiersalate und Schnitzelreste und Käseecken und Guacamole-Inseln und Tomate-Mozzarella-Matsche in Schüsseln ohne Kopfbedeckung in den Eisschrank. Ganz schlecht sei das, nur gut für Bakterien, die barrierefrei vom Eiersalat zur Guacamole wechselten und alles versauten. Ja, danke.

Ich bin gleich in die Küche gegangen, hab die Alufolie aus dem Hängeschrank geholt, die Schüssel mit der Guacamole-Insel aus dem Kühlschrank gerissen, die Folie auf die Schüssel genagelt, drei Häute Tesa-Krepp drumrum geschweißt und mir befohlen, sofort einen Eimer mit Essigwasser zu füllen und den Kühlschrank zu putzen. Dazu kam's aber nicht, weil ich mich fragte, womit ich das verdient habe. Ausputzen, Schüsseln abdecken, über Bakterien nachdenken. Reicht doch, dass ich den Kühlschrank füllen muss.

Früher im Studentenwohnheim, da besaß ich gar keinen Kühlschrank. Bloß ein Kühlfach, das nach altem Hammel stank. Ging auch. Ich hab einfach nichts hineingelegt, mittags in der Mensa gegessen, mitternachts Babybrei angerührt. Aber Alufolie, die hatte ich. Viele Quadratmeter. Damit deckte ich keine Schüsseln ab, sondern das blutwurstbraune Eichenholzfurnier meines Studentenwohnheimzimmermobilars. Schrank, Regal und Bettkasten. Außerdem die Apfelsinenkisten, die ich als Sideboard nutzte (ich bin der einzige mir bekannte Mensch, der tatsächlich mit Apfelsinenkisten zusammengelebt hat). Wie Captain Kirks Kommandobrücke sah mein Zimmer aus. Tagsüber. Bei Nacht war immer Heiligabend, weil ich eine Weihnachtsbaumlichterkette an die Wand gehängt hatte. Der Schein von 63 kleinen Glühbirnen spiegelte sich in der Aluhaut der Wohnheimmöbel wie Christbaumkerzenlicht in Lametta.

Ich wohnte wie ein kreativer, avantgardistischer Existenzialist, fand ich. «Du wohnst wie Eiersalat im Kühlschrank, wenn die Tür auf- und das Licht angeht», fand meine Schwester, die schon in ihrer Studienzeit zu den geschätzten 0,3 Prozent der Deutschen gehörte, die nichts unbedeckt dem Eisschrank überantworten. Jedenfalls hinterließ mein Dekor bleibenden Eindruck. Auf meinen Nachmieter nämlich, der die Alufolie nebst eingetrockneten Prittstift-Schlieren von Schrank, Regal und Bettkasten porkeln musste. Darüber wurde er dann selbst ganz existenzialistisch und strich das Wohnheimzimmer schwarz.

Studentenbuden sind überdachte Entwicklungsländer, nicht mehr Erste Welt (Elternhaus), noch nicht Dritte (Selbereltern-Haus). Hier fühlen wir uns zum ersten Mal als freie Bürger in einem freien Land. Wir stellen eigene Regeln auf – zum Beispiel nie im Bett zu rauchen – und schmeißen sie wieder um. Wir experimentieren, improvisieren, hausen, aasen, kleckern, feiern «und vögeln», sagt Susa. Dafür beziehen wir unsere Betten recht selten frisch. Wir besitzen Möbel, aber keine Möbelpolitur. Das kommt später. Um 30. Heute also.

Susa unterteilt drei Phasen, die man wohntechnisch durchläuft, vom Auszug aus dem Kinderzimmer bis zur Ankunft im Erwachsenenleben. Die erste Etappe, die mit dem Abschied von zu Haus beginnt, nennt sie Sperrmüllphase. (Nicht zu verwechseln mit der Sperrmüllphase, in der einige Eltern stecken. Die heißt richtig: Antiquitätenphase). Mobiliar: wie oben beschrieben. Von Eltern, Freunden, Verwandten geschenkt oder aufgedrängt. Kost' nix. Nix passt zusammen. Und das passt bestens zum Lebensgefühl. Alles ist vorläufig, von allem könnte man sich leichten Herzens trennen, wenn man morgen irgendwo ein neues Leben beginnt. Als Tauchlehrerin in Thailand zum Beispiel oder als Aktionskünstlerin in Soho. Angehende Spießer durchbrechen schon in der Sperrmüllphase die ihnen unerträgliche Vorläufigkeit des Seins und hängen Kunstdrucke von Rosina Wachtmeister in Bildträgern an die Zimmerwand. Auch deren Buden guck' ich mir gerne an. Weil man sieht, wo's hingeht. Und dann schaudert's einen so wohligeklig. Weil man sich fühlt wie im Menschenzoo. Und dort in der besseren Position, also vor den Gitterstäben.
Phase zwei nennt Susa Inbusschlüsselphase. Ein Inbusschlüssel ist der komische kleine Metallhaken, den man bei Ikea bekommt, um die Schrauben der Billy-Regale und Schränke mit Schiebetüren und Bettsofas festzuzurren – so fest, dass sich die Schrauben im Gewinde festbeißen und die Pressspanplatten nachgiebig splittern, wenn man die Möbel für den nächsten Umzug wieder auseinander baut. Wie oft ein Ikea-Möbel-Besitzer umgezogen ist, erkennen Profis am Schwanken des Ikea-Schranks, wenn das Zimmer gelüftet wird. Der Inbusschlüssel steht für eine reifere Form der Vorläufigkeit. Wer Ikea kauft, der rechnet nicht mehr damit, schon morgen alles wegzuwerfen, um ballaststofffrei anderswo ein neues Leben zu beginnen. Sonst wäre das Geld ja rausgeschmissen. Und doch lebt der Inbusschlüsselbesitzer auf Abruf; bereit, für einen neuen Boss, eine neue Liebe seinen Schrank zu zerlegen und in einer anderen Stadt wieder aufzubauen. Ikeas

Möbel leistet man sich gegen Ende der Ausbildung, oft dann, wenn man das Wohnheim- oder WG-Zimmer gegen die erste Alleine-wohnen-Wohnung tauscht. Etwa um diese Zeit passen dann auch die ersten Gläser, Tassen oder Teller zusammen. Bis zum 14-teiligen Hutschenreuther-Service ist es noch ein weiter Weg. Aber die Richtung stimmt.

Die dritte Etappe beginnt um den 30. Geburtstag, gemeinhin dann, wenn Frau und Mann zusammenziehen bzw. Frau und Mann beschließen, ebendies nicht zu tun. Susa nennt sie die «Einbauphase». Ein Einbauschrank ist die Holz gewordene Absage an die Vorläufigkeit, das Bekenntnis zum «hier bin ich und hier bleib ich». Wer Schränke, Regale, Küchen einbaut, gar Dielenböden abschleift, zieht nicht mehr um. Und damit man sich's ja nicht anders überlegt, gar den Job hinschmeißt, macht man Schulden, ersteht Federkernmatratzen (Stiftung Warentest: «Sehr gut»), Doppelbetten und teure, nicht zusammenbaubare Möbel, mit denen man alt, wenigstens 45 Jahre werden will. Spießer kaufen sich jetzt – passend zur Rosina-Wachtmeister-Ästhetik – dunkelgraue, petrolfarbene oder schwarze Ein-, Zwei-, Drei-Sitzer mit schlecht verheilten wulstigen Nähten. Oder diese Couchgarnituren, die immer in der Anzeigenbeilage der Tageszeitung unter «Junges Wohnen» beworben werden und deren Bezugsstoffmuster an einen Kandinsky erinnert, den ein Irrer mit Säure attackiert hat. Gründliche heiraten jetzt auch, um für lau an das 16-teilige Hutschenreuther-Service und die Spaghetti-Zange zu kommen. Und alle hören auf, wilde Partys zu feiern. Stattdessen bitten sie zum Brunch am Sonntagvormittag.

Das veränderte Sozialverhalten muss mit der Einrichtung zu tun haben, meine ich. Denn nichts spricht dafür, sonntagmorgens Gäste einzuladen, wenn doch alle, auch die Gäste, viel lieber ausschlafen würden. Nur die Wohnung spricht dafür. Die Möbel kommen nämlich bei Tageslicht viel besser zur Geltung. Außerdem reißen sich die Leute im Hellen mehr zusammen, schnippen keine

Kippen auf den Fußboden, trinken noch keinen Rotwein, der so hässliche Flecken auf der hellen Couchgarnitur macht. Morgens bringt auch keiner Freunde mit, die nicht eingeladen sind und die – weil sie die Gastgeber nicht kennen und sich denen also nicht verpflichtet fühlen – das Villeroy-&-Boch-Klo verwüsten.
Susa hat da eine andere Theorie: «Früher haben wir auf den Tischen getanzt, heute sitzen wir daran – weil wir einfach zu müde sind, da hochzusteigen.» Glaub ich nicht. Außerdem: Susa sieht und macht eh alles anders. Obwohl ja auch schon 30 und verbeamtete Lehrerin, hat sie die Sperrmüllphase gerade erst hinter sich gebracht. Sehr geschickt übrigens: Susa hat den ganzen Schrott in den Gemeinschaftsraum ihrer Schule gebracht und das als Großherzigkeit ausgegeben. Jetzt wohnt sie in der Studentenwohnung von Claudia mit den Möbeln von Claudia, die sich gerade anderswo der Einbauphase entsprechend einrichtet.
Ja, und ich? Bin irgendwie in Phase 1 stecken geblieben. Unverschuldet. Weil ich mit jemand zusammenzog, der Phase 3 bereits durchlaufen hatte, also Fondue-Set, Einbauküche, WMF-Kochtöpfe, selbst Möbelpolitur und das Unaussprechliche – eine Schrankwand – besaß, bevor er mich bekam. Noch nicht mal heiraten musste ich dafür. Ich hasse Schrankwände. Jeder vernünftige Mensch hasst Schrankwände. Aber mein Schrankwandbesitzer hat mich gewarnt: Ich solle mich ja nicht erdreisten, seine Schrankwand mit Alufolie zu bekleben. «Dafür bist du zu alt.»
Ja, danke. Deck ich halt seine Schüsseln damit ab.

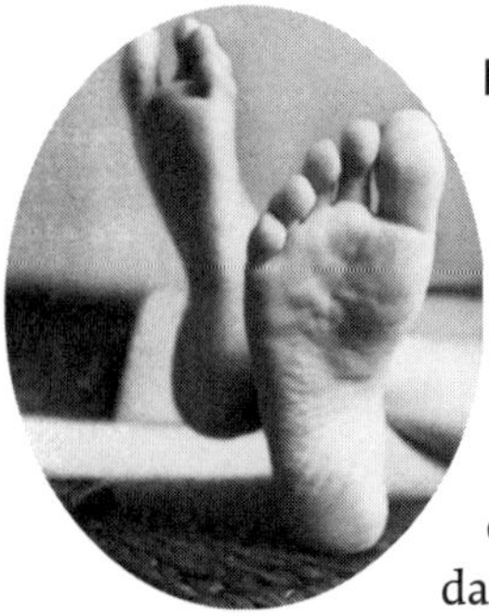

Ein Mann sehnt sich nach Fernsehen im Bett

Ich mochte das zu Unizeiten sehr: bei anderen zu Gast sein, deren Wohnungen absuchen nach offensiv gesetzten Zeichen gewünschten Seins oder erhofften Werdens. Gerade weil solche Signale in den meisten Fällen so plakativ waren, konnte man das Wohnen und seine Accessoires als das bezeichnen: ein Spiegel von Bewohners Innenwelt. Studentenzimmer sind klein, deshalb ist die Spurensuche viel ergiebiger. Die Zeichen sind wegen Platzmangels dicht gestreut. Erst mal entdeckt, ließ sich direkt ein Gespräch über diese eigentlich ja sehr persönlichen Dinge anfangen. Kennen lernen auf die schnelle Tour, das war schön, weil so viel Offenheit im Spiel war.

Da gaben Filmplakate zu Fellini- oder Pasolini-Produktionen Aufschluss über die gefühlte geistige Zugehörigkeit des Gastgebers. Da machten die da und dort aufgestellten Star-Trek-Figuren deutlich, welche Vorlieben er hat. Da wiesen die Fotos von diversen Kurs- und Fachschaftsfahrten, die mit Nadeln an die Wand überm Schreibtisch gepinnt waren, aufs soziale Eingebundensein des Bewohners hin. Da zeugten die Euro-Paletten, auf die jemand seine Matratze gelegt hatte, vom alternativen Erfindungsreichtum des Schläfers. Man konnte solche Details entdecken in den Momenten, da man – gerade eingetreten – sich aufs Bett setzte und erst einmal im Raum herumschaute. So was gibt's jetzt nur noch selten. Die Zeichen, meine ich. Und das Aufs-Bett-Setzen. Das ist schade.

Wenn die Studentenwohnung erst mal an andere vermietet ist, verwischen die persönlichen Spuren mit dem Umzug. Wohnungen geben dann nicht mehr so offensichtlich Aufschluss über den darin Lebenden, nur noch verschämt. Niemand mag sich mehr eine Blöße geben. Am ältesten Ikea-Möbel kann man höchstens das Jahr ablesen, in dem der Besitzer von zu Hause weggegangen ist und die Eltern ihm ein bisschen was zum Einrichten eingekauft haben. An den unten ins Regal gestellten Ordnern mit auffallend akkuraten Aufschriften wie «Rep. III» kann man erkennen, dass das Examen noch nicht so ganz lang her ist. Und aufs Bett setzt man sich nicht mehr, das bekommt man meist auch gar nicht zu sehen, weil's nun ein eigenes Zimmer bekommen hat. Man nimmt auf dem Sofa Platz.

Aber sonst? Die Wohnung eines 30-Jährigen ist irgendwie weniger individuell als die derselben Person vor sagen wir mal sechs Jahren. Das kommt, weil Individualität Zeit kostet. Die hat man nicht mehr, deshalb begnügt man sich irgendwann mit der Konfektionsware, die Möbelhäuser und Einrichtungsläden anbieten. Vielleicht könnte man sogar sagen, dass diese Gleichmacherei eine industriell eingeforderte ist, dass sie sozusagen von oben, außerhalb oder sonstwo eingefädelt ist, damit weiterhin Sofas in Massen gefertigt werden können und Schrankwände überleben werden. Mir ist diese Gefahr schon früh bewusst geworden. Ich wollte mich davor schützen. Aber da wusste ich noch nicht, dass Frauen Teil der Verschwörung sind.

Wir zogen zusammen, eine schöne Wohnung in einem nicht so schönen typischen 60er-Jahre-Großstadt-Mehrfamilienhaus. Geräumig: Wohn-, Schlaf- und noch ein Zimmer, das Freunde klangvoll Büro oder Arbeitszimmer nennen. Die Miete war günstig und unsere Einrichtung auch: Wir legten die Möbel aus unseren gekündigten Wohnungen einfach zusammen. Für mich war die Sache damit gegessen, die Wohnung fertig. Aber Frauen nehmen Dinge wie Einrichten, Wohnen und so was als «work in progress». Da ist nichts so schnell abgeschlossen. Also sah ich mich Tage nach unserem Umzug in einem eher rustikal ausgerichteten Möbelhaus den Lieferschein für ein zugegeben

überhaupt nicht rustikales, sondern schönes Sofa mit unterschreiben. Ich sitze inzwischen gerne darauf. Es ist aus dunkelbraunem Seegras, und es hat weiße Polster. Dazu gab es einen Hocker, den man auch als Tischchen benutzen kann. Einmal hab ich beim Fernsehen meine Füße draufgelegt. Aber das lasse ich jetzt, weil ich mich dann fühle wie ein Deutscher beim Fernsehgucken. Ich sehne mich manchmal nach der Zeit, als ich des eingeschränkten Wohnraums wegen vom Bett aus Fernsehen konnte. Musste.
Im Laufe der Zeit kam es zu vielen Diskussionen über Dinge, die wir angeblich neu haben mussten. Wir kauften Bilder bei einem Kunstposter-Anbieter im Internet. Das war nicht teuer, und ich gab mich sehr aktiv, weil ich gute Bilder haben wollte. Die Bilder, erfuhr ich, nachdem sie geliefert wurden, müssten in Rahmen. Rahmen sind langweilig. Und es macht keinen Spaß, sie auszusuchen. Ich trug mir den Vorwurf des Desinteresses ein. An Bilderrahmen, an der Wohnung und überhaupt. So was macht schlau. Als es darum ging, dass unsere Matratze «durch» sei und eine neue hermüsse, besorgte ich Prospekte von diesen Matratzen-Discountern, die komischerweise immer Ladenräume in Ecklage angemietet haben. Das war schon mal etwas, leider nicht genug. Es stellte sich heraus, dass die Forderung nach einer neuen Matratze die Notwendigkeit eines neuen Lattenrostes einschloss. Und außerdem den Wunsch nach einem komplett neuen Bett. Es gab da sogar schon eines, das in Frage kam. Mit anderen Maßen allerdings, weswegen auch die Bettwäsche neu angeschafft werden müsse.
So viel Zeit kann man gar nicht aufbringen, um bei all dem Kram auch noch Individualität einbringen zu können. Also kaufst du, was es im Laden gibt. Und verwischst deine Spuren.
Wie gesagt: Ich habe die Gefahr früh wahrgenommen. Aber ich bin zu schwach, um mich zu wehren.

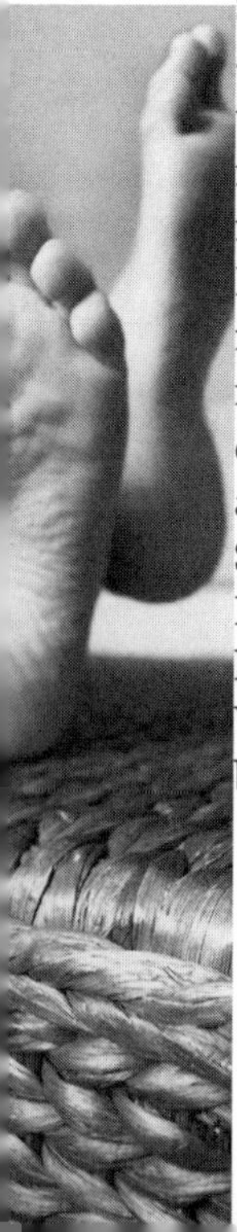